«Si alguna vez te has sentido atorado, sin inspiración o simplemente estás cumpliendo con las formalidades de tu vida espiritual, no estás solo. Sin importar si eres nuevo en tu fe o tienes tiempo de ser cristiano, el nuevo libro del pastor Chris Hodges *¿Qué sigue?* es para ti. Es una lectura crucial para cualquiera que esté buscando desarrollarse espiritualmente. Te dará los pasos prácticos, la motivación interna y el empuje espiritual que necesitas para avanzar, crecer firme en tu fe y hacer más para glorificar a Dios».

—Craig Groeschel, pastor de Life.Church y
autor de *best sellers* del *New York Times*.

«Si pudiera recomendar un solo libro para ayudar a las personas a desarrollar su fe con una cercanía a Dios más genuina, sería este. Mi amigo, el pastor Chris Hodges, nos ha dado un recurso importante y valioso que deberá estar en todo librero. Este no es un libro que deberá leerse una sola vez, sino uno que deberá servir como referencia y enseñarse una y otra vez».

—Lysa TerKeurst, autora número uno de
best sellers del *New York Times* de *Uninvited*
y presidente de *Proverbs 31 Ministries*.

«La intimidad muere cuando el deber toma el control. Si has sentido que tu amor por Cristo se ha enfriado, o nunca has experimentado una comunión que satisfaga tu alma con el Salvador, el libro *¿Qué sigue?* de mi amigo Chris Hodges ofrece una perspectiva poderosa y ejemplos prácticos para guiarte en una experiencia íntima, floreciente y más profunda con Cristo. Él nos muestra cómo es conocer a Cristo profundamente y decir «sí» a la invitación de Dios, sin importar cuál podría ser ese siguiente paso».

—Christine Caine, fundadora de *A21* y *Propel Women*

¿QUÉ SIGUE?

¿QUÉ SIGUE?

EL CAMINO PARA CONOCER
A DIOS, ENCONTRAR LA LIBERTAD,
DESCUBRIR TU PROPÓSITO
Y MARCAR LA DIFERENCIA.

Chris Hodges

GRUPO NELSON
Desde 1798

NASHVILLE   MÉXICO DF.   RÍO DE JANEIRO

A Larry Stockstill, mi pastor por más de 35 años. Nadie es más responsable que tú de ayudarme a conocer a Dios, encontrar la libertad, descubrir el propósito y marcar la diferencia. Estoy muy agradecido por mi herencia espiritual. Ahora entrego lo que se invirtió en mí a generaciones futuras.

CONTENIDO

CONTENIDO

SECCIÓN 4: HAZ UNA DIFERENCIA

PREFACIO

EN SUS MARCAS – LISTOS – ¡CRECE!

Chris Hodges es mi amigo. ¡Y también va a ser tu amigo! Un mejor amigo es el que saca lo mejor de ti. ¡Y hará eso con este libro!

La única garantía de que mañana serás mejor es que crezcas hoy. Y el crecimiento más importante para ti y para mí es nuestro crecimiento espiritual, nuestro camino con Dios. *¿Qué sigue?* Es su guía hacia el crecimiento espiritual. Chris Hodges ha ayudado a decenas de miles a tener éxito en sus jornadas espirituales y te va a ayudar a ti también.

Tengo algunas preguntas para ti. Marca el cuadro que te interese ahora mismo. Te gustaría

- ¿conocer a Dios?
- ¿encontrar la libertad?

- ¿descubrir el propósito?
- ¿hacer la diferencia?

Apuesto a que marcaste los cuatro cuadros. Yo lo hice. Si tú y yo pudiéramos descubrir las respuestas a esas cuatro preguntas y aplicarlas a nuestras vidas, seguramente estaríamos satisfechos. Mi emoción por usted está creciendo ahora mismo. ¿Porqué? Porque usted está por comenzar su jornada de crecimientos espiritual. Cuando de vuelta a las hojas de este libro se preguntará… ¿Qué sigue?

Déjame darte un avance de lo que aprenderás en este libro. ¡Los descubrimientos empiezan con un bang!

- Dios quiere conocerte
- Dios no es justo, y es para tu beneficio.
- La oración es una conversación continua con Dios.
- Cuando lees la Biblia, la Biblia te lee.
- Jesús vino a la tierra para darte libertad.
- El cambio positivo ocurre con las relaciones positivas.
- Dios no espera de ti perfección. Él quiere honestidad.

Está bien, vamos a parar por un momento. Mira todas las cosas buenas que ya estás descubriendo acerca de Dios y de ti mismo. He tomado este mismo viaje en el que estás ahora. ¿Y adivina qué? Mientras sigues caminando, el viaje mejora. Estas son algunas de mis partes favoritas de lo que viene en las siguientes páginas:

- Fui creado a propósito, con un propósito.
- Cuando descubras tu propósito dirás: «Nací para esto».
- Tu crecimiento espiritual depende de tener una familia de la iglesia.
- Aprende a vivir el plan de crecimiento saludable de cuatro pasos.
- Descubre las doce preguntas que necesitas hacerte regularmente para prosperar.
- Aprende a servir a Dios y a los demás.
- Aprende a vivir más allá de su vida.
- Descubre la clave para cambiar su mundo.
- Y, esta es mi parte favorita del libro, ¡aprenderás a identificar un sueño de Dios y verás cómo hacerlo realidad!

¡Guau! ¡Qué libro! Léelo, reflexiona sobre él. Comparte lo que estás aprendiendo. Y, lo más importante, aplícalo todos los días a tu vida. Tu crecimiento espiritual debe ser una prioridad en tu vida. Para ayudarte a hacer de este viaje una prioridad máxima, aplica estas leyes de crecimiento a tus hábitos diarios:

Ley de intencionalidad: el crecimiento no sucede simplemente.

Aparta un tiempo todos los días, incluso por unos minutos, para leer este libro.

Ley del espejo: debes ver el valor en ti mismo para agregar valor a ti mismo.

Comprende que buscar el crecimiento es importante y leer este libro agregará diariamente valor a tu vida y mejorará tu autoestima.

Ley de modelado: es difícil mejorar cuando no tienes a nadie más que a ti mismo para seguir.

¿Qué sigue? Se convertirá en tu mentor y guía para una vida mejor.

Ley de contribución: el crecimiento de uno mismo te permite hacer crecer a los demás.

Estudia este libro con un amigo o grupo pequeño.

Vamos a empezar mi amigo. Vamos a ver *¿Qué sigue?* para ti. Hoy es el primer día del resto de tu vida. ¡Y está por ponerse mejor!

Tu amigo,
John C. Maxwell, autor *best seller* del
New York Times

INTRODUCCIÓN

ANTES DE COMENZAR

Perderse en Italia suena más romántico de lo que realmente es. Esto lo supe de primera mano cuando llevé a mi esposa Tammy a un viaje muy anticipado, para el que había ahorrado por mucho tiempo; un viaje a la península con forma de bota, para celebrar un aniversario de bodas que pasaría a la historia. Habíamos planeado cuidadosamente nuestro itinerario. Volaríamos a Roma para pasar algunos días, y de ahí partiríamos a un pequeño pueblo en la hermosa región de Toscana. Después viajaríamos hacia el norte a los lugares que siempre habíamos soñado conocer: Florencia, Venecia y el Lago de Como.

Después de pasar unos increíbles días en Roma entendimos por qué le llaman la Ciudad Eterna. Esta antigua capital está saturada de historia y nos maravillamos de los lugares icónicos, como el Coliseo, el Arco de Tito, el Foro Romano, el Monte Palatino y otros sitios mencionados por Pablo en el libro de los Hechos y la carta a los Romanos. Al dejar Roma, contratamos un chofer para que nos llevara al área rural de Toscana, famosa por sus viñedos y sus huertos de olivos; ahí era donde nos quedaríamos. Aunque no teníamos la dirección específica de nuestro hotel, nuestro gentil chofer, un italiano mayor con cabello plateado y sonrisa confiable, nos aseguró que sabía cómo llegar ahí.

Mientras avanzábamos lentamente por la mancha urbana de Roma, nuestro chofer hábilmente entró al sistema de autopistas italiano. Tammy y yo nos maravillamos de la hermosa campiña italiana cuando el chofer salió de la autopista principal para tomar un camino rural, el cual nos llevó por campos con muchas colinas. Después de una hora de camino, vimos menos automóviles y más bicicletas, caballos y ovejas; pasamos de las colinas de verde exuberante a las hileras de viñedos, higueras y huertos de olivos. Le pregunté al chofer cuánto tiempo faltaba para llegar a nuestro destino, él simplemente dijo: «pronto», y nos sonrió.

En ese momento me di cuenta de que no estaba usando el GPS, no había ningún tipo de dispositivo electrónico de navegación en el tablero. Tampoco vi cerca de él ningún teléfono inteligente. Me sentí un poco preocupado, ingresé el nombre de nuestro hotel en mi teléfono, y descubrí que no tenía señal. Estábamos muy adentrados en la campiña italiana y con cada kilómetro que pasaba, menguaba mi confianza en que nuestro chofer realmente conociera bien el área.

Después de unos pocos minutos, vimos lo que parecía ser un pueblo en la siguiente curva. Cuando nuestro chofer bajó la velocidad y paró el automóvil frente a una hostería, un pequeño restaurante rústico y pintoresco, Tammy y yo tuvimos una sensación de alivio y asumimos que habíamos llegado a nuestro destino; pero luego el chofer dijo: «permítanme orientarme antes de continuar». Mientras esperábamos, y nuestro chofer estudiaba un mapa tan viejo que podría haber pertenecido al apóstol Pablo, Tammy descubrió que su teléfono tenía señal y vio nuestra localización en el mapa satelital. No estábamos nada cerca del lugar al que queríamos ir. Cuando traté de mostrarle a nuestro chofer, él simplemente meneó su cabeza, y dijo: «No se preocupe mi amigo, sé cómo llegar».

Comenzó a conducir de nuevo, pero después de unos minutos quedó claro que estábamos regresando por el mismo camino que habíamos llegado. El teléfono de Tammy se mantenía con señal y escribimos el nombre de nuestro hotel, y la voz femenina del GPS dijo: «Ha llegado a su destino». Viendo que alrededor estaba solamente el campo lleno de amapolas rojas y altos árboles de cedro, solo nos quedó reír. De nuevo estábamos en las manos de nuestro chofer y su habilidad para seguir adelante y abrirse camino.

«Regresemos al último pueblo que vimos» le dije al chofer. «Podemos pedirle a alguien de ahí que nos muestre cómo llegar a la dirección».

Él asintió, pero continuó dirigiéndose en la misma dirección.

Molesto de que aparentemente había ignorado mi sugerencia, yo no estaba seguro de qué podríamos hacer, más que continuar y tener la esperanza de que nuestro chofer en algún momento se toparía con nuestro destino.

Entendiendo mi frustración, Tammy dijo: «Cuando estabas chico, ¿alguna vez tu familia se perdió estando de viaje? Con mi familia parecía suceder cada verano que salíamos. Recuerdo cuánto se enojaba mi mamá porque mi papá nunca se detenía a pedir indicaciones. Él solo se detenía a estudiar un poco más su pequeño mapa *Rand McNelly* y seguía intentándolo, usualmente hasta que todos estábamos hambrientos y tan cansados que no podíamos mantener los ojos abiertos».

Me reí. «Claro que recuerdo esos buenos tiempos. Mi papá hacía exactamente lo mismo. Tú sabes cómo somos los hombres», le contesté, moviendo la cabeza hacia nuestro amigo del asiento del conductor. «Se trata de no pedir ayuda ni admitir que no podemos lograrlo por nosotros mismos. Gracias a Dios por el GPS».

«Si solo tuviéramos un GPS» comentó Tammy.

La luz de la tarde comenzó a desvanecerse. No vimos señales de vida por ningún lado. Con gran frustración estudié el mapa en mi teléfono, molesto de que la tecnología no estaba funcionando como debiera y una vez más traté de hablar con nuestro chofer. Más y más me daba cuenta de que estábamos viajando en círculos, recorriendo el mismo circuito de diez kilómetros a través del corazón de la Toscana.

Sabíamos a dónde queríamos ir.

Creímos que teníamos las instrucciones correctas.

Asumimos que nuestros dispositivos tecnológicos funcionarían.

Hasta teníamos un chofer que conocía el área.

Sin embargo, estábamos perdidos.

PERDIDO Y ENCONTRADO

Con la usualmente confiable ventaja de la tecnología y el GPS, sé que las personas no se pierden muy seguido, pero como Tammy y yo descubrimos por las malas, puede seguir sucediendo. (Estarás contento de saber que nuestro chofer finalmente nos pudo llevar a nuestro destino. ¡Estoy convencido de que fue un resultado directo de las oraciones que Tammy y yo comenzamos a hacer desde el asiento trasero!).

¿Cuándo fue la última vez que te perdiste? Quizá estabas manejando hacia un destino que no te era familiar o caminando en una ciudad del extranjero. Quizás olvidaste tu teléfono o pensaste que sabías cómo llegar, o quizá no pudiste obtener un teléfono o señal de wifi aun cuando tu GPS sabía el camino.

Desafortunadamente, todos llegamos a perdernos, si no física y geográficamente, lo hacemos espiritual y emocionalmente. Llegamos a un momento decisivo en el cual no sabemos qué camino tomar. Una oferta de trabajo, una oportunidad para mudarte, una nueva relación, un sentir del llamado de Dios, cualquiera de estas cosas puede ser un catalizador; pero seguir caminando sin saber exactamente a dónde te llevará tu nuevo camino, puede ser tanto excitante como aterrador.

Como pastor, tengo la oportunidad de ser un estudiante de las personas y de la forma en que recorren el camino de la vida. Me encuentro con muchos que no saben a dónde van o ni siquiera tienen claro a dónde quieren ir. Saben que algo les falta y anhelan tener un sentido claro de propósito y dirección, pero pareciera ser que no logran encontrarlo.

Otros han estado en un camino espiritual a un paso confortable la mayor parte de su vida, de hecho, tan confortable que se sienten atrapados en un bache, tratando de progresar pero sin llegar a ningún lado, en una vida que se siente predecible, e incluso aburrida. Ellos también desean tener un sentido más profundo, un gozo más intenso, una conexión más íntima con el Dios que aman y el Salvador al que están comprometidos a seguir, pero no saben dónde dar vuelta o cómo bajarse de la caminadora en la que están subidos.

Algunas personas simplemente están agotadas. Quizá una desviación mayor los ha dejado estremecidos –una crisis de salud, un divorcio o la pérdida de un trabajo– los ha llevado por un camino distinto al que una vez creyeron que seguirían. Saben que Dios tiene un plan para ellos y han tenido destellos de hacia donde van. Sin embargo, después de haberse salido del camino, están cansados y no están seguros de cómo retomarlo de nuevo.

Puede parecer un cliché, pero es verdad: todos estamos en un camino, en una ruta. Puedes no tener ni idea de en dónde estés en tu camino de la vida en este momento, o puedes pensar que sabes exactamente dónde estás y a dónde vas. Puede, como muchos de nosotros, que estés en un punto medio: tratando de escuchar la voz de Dios mientras estás viendo las señales en el camino, anticipando cambios en el clima y esperando una clara dirección en las grandes encrucijadas.

En varios puntos del camino de nuestra vida, todos nos preguntamos: «¿Y ahora qué? ¿Qué camino tomo? ¿Cuál dirección es la correcta? ¿A dónde me va a llevar este camino? ¿Es ahí a donde realmente quiero ir?». Durante esos momentos decisivos, necesitamos hacer una pausa y recordar nuestras prioridades. Necesitamos ver más allá de lo que es lógico, conveniente o ventajoso. Necesitamos ver a Dios como el principal GPS, la verdadera brújula de nuestra alma, si queremos vivir una vida que tenga propósito, gozo y significado para la eternidad.

Cuando no vemos la visión de Dios para nuestra vida, estamos en peligro de conformarnos con una falsificación mundana de realización. Sin Dios mostrándonos qué sigue y liderándonos en el camino, tendemos a enfocarnos en nosotros mismos. Ponemos el énfasis en mejorarnos a nosotros mismos, lograr fama o popularidad, construir una plataforma para que nuestro nombre sea visto, u obtener un dólar más. Sin embargo, si queremos avanzar con verdadera confianza, propósito y esperanza, necesitamos dejar que Dios nos guíe.

Es por eso que he escrito este libro. No es que ya tenga todo resuelto, pero conozco al que lo sabe todo, y tú puedes conocerlo también. Si tu camino de fe acaba de comenzar, no te preocupes porque no te perderás en estas páginas. Si eres un creyente maduro que ha caminado con Cristo por algún tiempo, aún hay mucho para ti. No importa en dónde estés, permite que este libro sea una guía espiritual práctica que te ayude a encontrar tu camino.

¡No importa dónde estés, puedes saber qué sigue!

CONOCE A DIOS

Nunca olvidaré ese lugar.

Aún hoy en día, después de décadas, recuerdo vívidamente qué diferente se sentía: fue un poco atemorizante pero atractivo a la vez, más grande que yo, pero a la vez personal porque me invitaba directamente. Tenía quince años y había aceptado asistir a la iglesia de un amigo después de decirme que habría muchas jóvenes de mi edad ahí. Admito que no fue el mejor de los motivos, pero al menos hizo que yo llegara a la iglesia.

La iglesia no era nada nuevo para mí porque había crecido dentro de una iglesia formal que pertenecía a una denominación. Estaba familiarizado con la liturgia y me gustaba ser parte de una comunidad en la que estaban mi familia y amigos. Por lo que recuerdo, siempre me había encantado la iglesia, pero lo que descubrí ese día que visité la iglesia de mi amigo fue que yo no amaba a Dios, porque realmente no lo conocía. Básicamente, lo que había estado haciendo al asistir a la iglesia era tratar de hacer méritos para poder llegar a Dios.

Esta iglesia era muy diferente a lo que había experimentado antes. Aunque las bancas y el púlpito se veían casi iguales y los himnos y las Biblias también, algo electrizante y vivo, invisible pero tangiblemente presente, cargaba la atmósfera. Había una pasión real en la adoración de los congregantes. La predicación era buena, pero era la respuesta de la congregación lo que sobresalía. Algunos jóvenes estaban tomando notas y marcando sus Biblias, completamente atentos, asintiendo a lo que el pastor decía. Los adultos hacían lo mismo, reafirmando su atención con un «¡Amén!» ocasional o un «¡Así es!».

Esto no era a lo que estaba acostumbrado a experimentar los domingos en la mañana, mucho menos en la reunión del domingo en la tarde. Estas personas hacían que la fe cristiana fuera atractiva. Ellos tenían algo que yo no tenía, algo que yo quería. El mensaje tocó mi corazón esa noche de una manera como ninguna otra predicación lo había hecho antes. Muchos pensamientos y sentimientos se movieron en mi interior. ¿Qué está pasando aquí? ¿Está mi iglesia enseñando la forma correcta de conocer a Dios? ¿O es esta la iglesia? ¿Cuál es la diferencia? Lo que es más importante, ¿cuál es la forma correcta?

Regresé a casa esa noche fría de diciembre determinado a hallar las respuestas, resuelto a seguir a Dios como él quería, aun si no era como yo había sido enseñado. Cerré la puerta de mi recámara, me tiré sobre la felpuda alfombra al pie de mi cama y comencé a pensar. Sabía lo suficiente como para entender que no podía simplemente confiar en lo que alguien más dijera, o en cómo me sentía en esta nueva iglesia, o en mi antigua iglesia. Tenía que haber una fuente mayor y más concluyente.

Afortunadamente, conocía bastante bien la Biblia, (esto era algo bueno que tenía mi iglesia), así que rápidamente supe que era la única autoridad en la que podía confiar como la verdad máxima sobre cómo conocer a Dios. Las respuestas tenían que estar en la Palabra de Dios. Es por eso que Dios nos la dio, ¿cierto? Aun siendo tan familiar, la Biblia parecía muy grande e intimidante. ¿Dónde comenzar? Las respuestas probablemente estaban ahí, pero ¿cómo se suponía que debía encontrarlas?

Comencé con las palabras de Jesús. Tenía sentido para mí porque Jesús siempre estaba rodeado de personas que le estaban haciendo la misma pregunta básica que yo estaba haciendo: ¿Cómo conozco a Dios? Afortunadamente, yo tenía una de esas ediciones clásicas de la Biblia con las palabras de Jesús en letras rojas, que contrastaban con el demás texto en color negro. ¡Seguramente esa tinta roja había sido usada para momentos como el mío!

Saltándome el Antiguo Testamento, con nerviosismo pasé las delgadas páginas, casi como papel facial, hasta que comencé a ver palabras y frases impresas en rojo. Había pasado algunas páginas de Mateo, cuando un pasaje en particular me resaltó:

«No todo el que me dice: "Señor, Señor", entrará en el reino de los cielos, sino solo el que hace la voluntad de mi Padre que está en el cielo. Muchos me dirán en aquel día: "Señor, Señor, ¿no profetizamos en tu nombre, y en tu nombre expulsamos demonios e hicimos muchos milagros?" Entonces les diré claramente: "Jamás los conocí"» (Mateo 7:21-23).

Ese pasaje me dio escalofríos.

Pareciera describirme perfectamente, porque había pasado toda mi vida llamándole «Señor» por ninguna otra razón más que la de hacer lo que todos me habían dicho que hiciera. Había confesado con mi boca que quería ser salvo, pero algo crucial estaba faltando. Nunca había rendido mi corazón. Había invitado a Dios a entrar a mi vida, pero había dejado la puerta cerrada.

Esa noche por primera vez me di cuenta de la verdad. Dios no estaba buscando mis acciones religiosas o que yo asistiera a la iglesia correcta. Él nunca quiso que hiciera cosas para ganarme su amor, su perdón y su gracia. Él me quería conocer.

Rápidamente retrocedí en mi memoria quince años de asistencia perfecta a la iglesia. Todas las clases dominicales, memorización de la Escritura, ensayos del coro, estudios bíblicos, reuniones de oración y servicios de adoración; había sido parte de ellos toda mi vida, aun así, yo no conocía a Dios personalmente. Lágrimas rodaron de mis ojos, y mi corazón palpitó tan rápido que creí que iba a reventar mi pecho. Me puse de rodillas y extendí mis brazos sobre la cama como señal de rendición.

«Si me dieras otra oportunidad, Señor, yo te amaré» dije. «Te quiero conocer, verdaderamente conocerte».

Luego sucedió algo extraordinario: una especie de encendido espiritual se disparó dentro de mí. Me enamoré de Dios. Sentí la presencia de su Espíritu en mi interior. En ese momento se convirtió en más que el Dios del cual había leído o el Creador del universo. Se convirtió en mi Amigo, mi Salvador, mi Padre celestial, mi Papito. Se hizo mío.

CONOCIENDO Y SIENDO CONOCIDO

Casi cuarenta años después, me encuentro a mí mismo parado frente a personas varias veces a la semana hablándoles de este Dios que conozco y de su amor hacia ellos. Sobre su Hijo, Jesús y el regalo de la salvación. Sobre el Espíritu Santo, el cual quiere empoderarlos y guiarlos. Me he dado cuenta de que muchas personas están como yo estaba esa noche fría de domingo, hace mucho tiempo. No están buscando una iglesia o una religión, ni una buena predicación o un grupo pequeño amistoso; quieren conocer a Dios.

Ahora que me he graduado de la escuela Bíblica en donde estudié la Escritura en sus idiomas originales, comprendo que la palabra que Jesús usó para «conocer», en ese pasaje que resaltó para mí de Mateo, es un término que expresa intimidad. La palabra griega *genosko*, va más allá del conocimiento intelectual o la conciencia mental, para implicar una experiencia personal de primera mano. Es la diferencia entre «sé quién es el alcalde, pero nunca lo he conocido», y «sé quién es el alcalde y es mi mejor amigo».

Es el tipo de conocimiento personal y familiar que conlleva una conexión profunda. Es la clase de intimidad que usualmente asociamos con el matrimonio. De hecho, la palabra equivalente en hebreo que comúnmente traducimos como «conocer» se refiere a la forma en que una mujer conoce a un hombre antes de concebir un hijo. El énfasis de la palabra no es la dimensión física y sexual de conocer y ser conocido, sino más bien la forma en que dos personas están conectadas y ligadas espiritualmente.

¿Por qué es importante esto? Porque Dios es el único que puede conocer las partes más profundas de tu ser. Él te hizo y sabe el propósito para el cual fuiste diseñado. Solamente él sostiene el libro de tu vida y conoce el número de tus días. Nunca podrás hallar tu realización y un verdadero gozo duradero sin conocerlo a él. No podrás saber cuál es el siguiente paso que debes dar en tu vida sin él.

Conocer a Dios es la clave de la vida.

De esto se trata esta primera sección. No es solamente un primer paso en tu camino espiritual, sino un proceso constante de caminar con Dios a través de tu vida. Si te cases con alguien, tu matrimonio no termina después de la ceremonia o en tu primer, segundo, décimo o cincuentavo aniversario. Es una relación dinámica que sigue, un proceso continuo de conocerse uno al otro a lo largo del tiempo, de manera más profunda, y más y más cercana.

Conocer a Dios es algo similar. Puedes conocer su voz al orar, al hablarle y escucharlo. Puedes conocer sus caminos al leer su Palabra, estudiarla y aplicarla.

Quizá conforme lees estas palabras, te das cuenta de que realmente no conoces a Dios personalmente. Como yo, pudiste haber crecido en una iglesia y haber pasado la vida entera aprendiendo sobre Dios sin haberlo conocido. Tal vez tienes todo tipo de conocimiento y has servido en tu iglesia, pero nunca te has sentido íntimamente cercano a Dios. O quizás nunca has sido muy religioso ni has tenido una experiencia positiva con las iglesias que has conocido; pero hay algo que te sigue atrayendo, empujando; algo que jala tu corazón para que te abras y le des a Dios una oportunidad de entrar a tu vida y transformarte con su amor. Quizá esa sea la oración de tus labios en este momento. Quien quiera que seas, sea lo que sea por lo que estés pasando, el combustible para tu camino espiritual viene de una relación real, dinámica, personal y cercana con el Dios viviente.

RÍNDETE AL AMOR

Antes de poder sumergirnos en desarrollar una relación profunda con Dios, debemos establecer primero el fundamento de esa relación. Ya sea que estés dispuesto a abrir hoy por primera vez tu corazón o estés listo para un avivamiento y un encuentro fresco con el Espíritu Santo, conocer a Dios está cimentado en el conocimiento simple pero crucial de que él te ama. Puedes haber memorizado esta verdad o quizá la hayas visto en afiches o en anuncios en los campos de juego, ninguna otra cosa lo resume mejor que Juan 3:16: «Porque tanto amó Dios al mundo que dio a su Hijo unigénito, para que todo el que cree en él no se pierda, sino que tenga vida eterna».

Luego, por este inmenso amor por ti, Dios tiene un plan especial para tu vida. Él quiere que experimentes la emoción, el gozo y el contentamiento que vienen al hacer todo aquello para lo cual fuiste creado. Jesús dijo: «Yo he venido para que tengan vida, y la tengan en abundancia» (Juan 10:10).

Si Dios te ama y quiere que disfrutes de una vida abundante, entonces ¿por qué te sientes solo, decepcionado, temeroso y enojado la mayor parte del tiempo? ¿Por qué es que muchas personas no están experimentando una vida abundante? Respondiendo de manera sencilla, es porque hay un gran problema: estamos separados de Dios por la naturaleza pecaminosa que hemos heredado. «Pues todos han pecado y están privados de la gloria de Dios» (Romanos 3:23).

Dios es santo y nosotros no lo somos. Nuestro pecado, nuestra tendencia egoísta de siempre querer lo que nosotros queramos, cuando lo queramos, como lo queramos, se entremete en nuestro camino. Abandonados a nuestros propios métodos y deseos, nos estorbamos a nosotros mismos para conocer a Dios y experimentar la llenura de la vida abundante que él nos quiere dar. Nuestra pecaminosidad trae como resultado la muerte, pero Dios quiere que tengamos vida eterna con él. No podemos cerrar esta brecha o cambiar nuestra condición pecaminosa con buenas obras o buenas intenciones. Solo hay un camino: a través de Jesucristo. Dios nos ama tanto que envió a su Hijo a morir por nosotros y vencer nuestro pecado de una vez y para siempre. «Porque la paga del pecado es muerte, mientras que la dádiva de Dios es vida eterna en Cristo Jesús, nuestro Señor» (Romanos 6:23).

Muy seguido, las personas me dicen: «¡Dios no es justo!», y yo les contesto que estoy de acuerdo con ellas, Dios *no* es justo, y ¡qué bueno! ¡estoy muy contento de que no lo sea! La verdad es que no merecemos nada bueno, el cielo incluido. Tomamos nuestro propio camino, y sucedieron cosas malas como resultado de esto. Dios no nos abandonó, en lugar de eso, envió a Jesús en una misión de rescate. «Pero Dios demuestra su amor para con nosotros, en que siendo aún pecadores, Cristo murió por nosotros» (Romanos 5:8 NBLH). Es por eso que este regalo es llamado «salvación». Somos salvos de lo que merecíamos y nos ha dado el regalo de una vida nueva, una vida eterna que nunca podríamos proporcionarnos a nosotros mismos. ¡Doy gracias de que Dios no es justo!

Si Dios fuera justo, entonces tú y yo tendríamos que pagar nosotros mismos por nuestros pecados, ¡lo cual no podemos hacer! No se nos da lo que merecemos; se nos da una vida nueva, buenos regalos y abundantes bendiciones, y vida eterna con Dios que nos ama como sus hijos. Él es el único que podía ocuparse de nuestro problema con el pecado y el único que podía ofrecer una solución. Esto explica por qué Jesús dijo: «Yo soy el camino, la verdad y la vida, le contestó Jesús. Nadie llega al Padre sino por mí» (Juan 14:6). Él era el único calificado para ayudarnos, porque nunca tuvo un pecado personal. Tomó nuestra deuda del pecado y la pagó toda. «De hecho, en ningún otro hay salvación, porque no hay bajo el cielo otro nombre dado a los hombres mediante el cual podamos ser salvos» (Hechos 4:12).

Sin embargo, el regalo de la salvación requiere de una respuesta. Como cualquier otro regalo, podemos decidir aceptarlo o podemos dejarlo sin abrir. Así que hay una elección que hacer, un compromiso por determinar. «Pero a todos los que creyeron en él y lo recibieron, les dio el derecho de llegar a ser hijos de Dios» (Juan 1:12 NTV).

La palabra de Dios no termina ahí, explicando lo que debemos hacer para aceptar y activar este regalo. ¿Cómo creemos y aceptamos a Jesús en nuestro corazón y en nuestra vida? La Biblia nos dice: «Que, si confiesas con tu boca que Jesús es el Señor y crees en tu corazón que Dios lo levantó de entre los muertos, serás salvo. Porque con el corazón se cree para ser justificado, pero con la boca se confiesa para ser salvo» (Romanos 10:9-10).

Si estás leyendo estas palabras ahora, creo que Dios está tratando contigo. Él está hablando a tu corazón, persiguiéndote, atrayéndote, tocando a tu puerta con gentileza y persistencia, esperando tu respuesta. «Yo estoy a la puerta y llamo; si alguien oye Mi voz y abre la puerta, entraré a él, y cenaré con él y él conmigo» (Apocalipsis 3:20 NBLH). Si ya tienes una relación con Dios y has abierto tu corazón a Jesús, entonces es tiempo de saber qué sigue en tu camino; es tiempo de experimentar el gozo, la paz y el propósito que puedes conocer al ir creciendo en tu fe.

¿Quieres conocer a Dios o quieres tener un amor más profundo hacia él?

Él te quiere conocer profunda e íntimamente.

Ríndete a su amor.

Ya sea por la primera o la ochentava vez, entrégale a Jesús todas las áreas de tu vida.

¡Entonces podrás descubrir lo que sigue en tu increíble camino espiritual!

CAPÍTULO UNO

EL BAUTISMO

EL ANILLO DE BODAS
DEL CRISTIANISMO

Estaba tan emocionado. La chica que había buscado toda mi vida se estaba preparando para ser mi esposa. Ahora, después de más de tres décadas, no dejo de sonreír y de sentirme muy agradecido cuando pienso en ese día. Después de mi relación con Dios, mi relación con Tammy aún es mi conexión más importante. Casarme con ella sigue siendo una de las mejores decisiones que he tomado en toda mi vida.

Conforme crecí empecé a salir con muchas chicas, guardaré esas historias y lamentos para otro libro, pero ciertamente aprendí algo. Estas relaciones sentimentales pueden ser cercanas, pero a fin de cuentas no hay un compromiso. Ambos tienen una puerta de escape que les permite mantener sus opciones abiertas. En cualquier momento, cualquiera de los dos puede cambiar de parecer.

El matrimonio, por otra parte, es diferente (¡hay un anillo en la mano izquierda!). Cierra esa puerta de escape y excluye cualquier otra opción. Cuando te casas estás haciendo votos que declaran: «De este día en adelante, estoy renunciando a todos los demás para estar contigo y solo contigo». Ese es el compromiso de uno con otro, y con Dios, que Tammy y yo hicimos ese día a mediados de mayo hace muchos años.

Nuestra boda, creo yo, fue muy similar a la de muchas parejas. Invitamos alrededor de doscientas personas a que nos acompañaran en nuestra iglesia, para ser testigos de nuestros votos y celebrar nuestra unión. Tocamos música, incluyendo la tradicional entrada de Tammy caminando por el pasillo luciendo tan hermosa en su vestido de bodas blanco. Nuestro pastor habló sobre el significado del matrimonio de acuerdo a la Palabra de Dios y luego nos dirigió en nuestros votos hasta el momento en que colocamos los anillos en los dedos de cada uno.

Tammy y yo seguimos usando esos anillos de boda hasta el día de hoy, y significan lo mismo ahora que lo que significaron en ese momento. Son una expresión externa de la devoción interna que mantenemos el uno por el otro; les indican a todos a nuestro alrededor que somos uno del otro, que estamos comprometidos el uno con el otro, enlazados por nuestros votos matrimoniales.

Algo similar sucede cuando nos comprometemos a seguir a Jesús, tomamos una insignia para mostrar nuestra devoción.

¿POR QUÉ BAUTIZARSE?

Es muy importante que cualquier pacto sea sellado en la presencia de testigos, y la salvación no es diferente. El bautismo hace la parte del anillo de bodas en la fe cristiana; es un símbolo externo de un compromiso interno que hemos hecho con Dios. Cuando alguien me pregunta por qué debe bautizarse, usualmente le doy tres razones, todas basadas en lo que vemos en la Biblia. La primera y más importante es que seguimos el ejemplo del mismo Jesús. Antes de comenzar su ministerio público, Jesús fue a Galilea al río Jordán para ser bautizado por su primo Juan. Así lo describe: «Tan pronto como Jesús fue bautizado, subió del agua. En ese momento se abrió el cielo, y él vio al Espíritu de Dios bajar como una paloma y posarse sobre él. Y una voz del cielo decía: Este es mi Hijo amado; estoy muy complacido con él» (Mateo 3:16-17).

Piénsalo, si el Hijo de Dios fue bautizado para mostrar su compromiso con su Padre y con la misión de su Padre en la tierra, entonces, ¿no sería esta razón suficiente para que sigamos su ejemplo? Ciertamente lo fue para más de dos docenas de personas mencionadas en el Nuevo Testamento que fueron bautizadas después de hacer un compromiso de seguir a Cristo. Me gusta lo que Pablo escribió en su carta a los Corintios: «Imítenme a mí, como yo imito a Cristo» (1 Corintios 11:1).

No se nos está dando una simple sugerencia de ser bautizados si tenemos ganas. Jesús les dijo a sus discípulos: «El que crea y sea bautizado será salvo, pero el que no crea será condenado» (Marcos 16:16). Los creyentes que toman en serio su fe, sin importar si son introvertidos o extrovertidos, tímidos o atrevidos, tranquilos o escandalosos, deberán visualizar el bautismo como un acto de obediencia.

Otra razón para bautizarse es para demostrar el cambio que ha ocurrido en nuestras vidas. «Y esa agua representaba a la que ahora usamos para el bautismo, por medio del cual Dios nos salva. El bautismo verdadero no es para limpiar nuestro cuerpo, sino para pedirle a Dios que nos limpie de pecado, para que no nos sintamos culpables de nada. Y Dios nos salva por medio del bautismo porque Jesucristo resucitó» (1 Pedro 3:21 TLA). Si nuestros corazones realmente han sido transformados, entonces con el tiempo nuestras acciones revelarán ese cambio. Sin embargo, no hay mejor manera de anunciar de inmediato ese cambio que dejar a los demás vernos llevar a cabo este acto simbólico.

Al visitar el río Jordán en Israel, me quedé asombrado al enterarme de la forma en que se han llevado a cabo los bautismos tradicionalmente. Los individuos se visten todos de blanco y luego se colocan encima ropa vieja, sucia y raída. Conforme se sumergen en el río, se van quitando su ropa vieja y emergen del agua en un blanco exuberante, dejando que la corriente del río se lleve su ropa desgastada. Esto hace que el simbolismo sea más claro: antes de Cristo somos pecaminosos; después de tener a Cristo, somos lavados y limpiados.

Finalmente, el bautismo es una declaración pública de un compromiso personal que hemos hecho. Es el resultado natural y lógico de nuestra decisión de confiar en Jesús. Puedes ser tentado a pensar que el bautismo es opcional o una preferencia. Hay personas que me dicen: «Mi fe es privada, así que no necesito hacer eso del bautismo», pero cuando les pido que me busquen esa enseñanza en la Biblia, nadie ha sido capaz de mostrarme ninguna evidencia. ¡No la hay! Tu fe no es secreta. No tienes que predicar desde una banca en el parque, pero debes estar dispuesto a permitir que los demás vean la elección que has hecho y el impacto que tiene esa elección en todas las áreas de tu vida.

Una de mis canciones cristianas favoritas es «He decidido seguir a Jesús»; y esta canción hace de esta valiente declaración de fe su himno. No hace mucho tiempo conocí la historia detrás de la canción, y me quedé sin palabras. Aparentemente, la canción fue escrita después de la muerte de un recién convertido al cristianismo de la India. Este hombre y su familia inmediata habían renunciado al hinduismo y a las creencias más primitivas de su tribu local. Cuando el jefe de la tribu se enteró, mandó que llevaran a la familia ante él y les ordenó que renunciaran a su fe en Cristo o serían ejecutados. El hombre respondió: «He decidido seguir a Cristo, no daré marcha atrás». Luego el jefe muy enojado mató a los hijos de este hombre, pero aun así, él no negó su fe cristiana. Cuando su esposa era ejecutada, el hombre insistió: «Aunque nadie quede conmigo, aún seguiré». Finalmente, mientras lo estaban ejecutando a él mismo, este hombre proclamó: «La cruz delante de mí, el mundo a mis espaldas». El jefe, y tiempo después todo el pueblo, se hicieron creyentes por el testimonio tan dramático de este mártir de la fe.[1]

La mayoría de nosotros no enfrentaremos este tipo de persecución por seguir a Jesús, y aún así somos reacios a permitir que otros sepan de nuestra fe a través del acto del bautismo. Sin embargo, debemos recordar lo que dijo Jesús: «A cualquiera que me reconozca delante de los demás, yo también lo reconoceré delante de mi Padre que está en el cielo. Pero a cualquiera que me desconozca delante de los demás, yo también lo desconoceré delante de mi Padre que está en el cielo» (Mateo 10:32-33). ¿Por qué no querríamos compartir nuestra relación más significativa con todos los que están a nuestro alrededor, como lo haríamos con nuestro compromiso matrimonial, nuestra boda o el nacimiento de un hijo? Ciertamente en la Escritura, quienes habían hecho este compromiso tan importante, querían que otros lo supieran. Se nos dice:

«Los que recibieron su mensaje (de Pedro) fueron bautizados» (Hechos 2:41), y en Hechos 8:12 dice: «Cuando creyeron a Felipe, que les anunciaba las buenas nuevas del reino de Dios y el nombre de Jesucristo, tanto hombres como mujeres se bautizaron». También vemos el ejemplo de Simón el mago: «Y el mismo Simón creyó y se bautizó» (Hechos 8:13 DHH).

En definitiva, el bautismo ilustra el compromiso interno que hemos hecho. Así como mi anillo de bodas representa mis votos matrimoniales a Tammy, el bautismo indica a los demás nuestro compromiso de seguir, servir y obedecer a Cristo. Es así de sencillo.

TU SIGUIENTE PASO EN EL CAMINO

Cada uno de nosotros tenemos un camino espiritual y una relación con Dios singular, pero temas como el bautismo son relevantes para todos nosotros porque están insertados dentro de los cuatros pasos para conocer a Dios, encontrar la libertad, descubrir el propósito y marcar la diferencia. Solo necesitamos entender cómo se relaciona cada paso con los demás.

Algunos de estos pasos tienen secuencia, por ejemplo, tu primer y gran paso siempre será aceptar a Cristo en tu vida. Luego, tiene mucho sentido obedecer su mandamiento de bautizarte como un símbolo externo de tu compromiso interno. Sin embargo, debido a que nuestras vidas son diferentes, y Dios tiene su tiempo particular, muchos de estos pasos espirituales no van a seguir tanto una ruta lineal sino más bien se presentarán conforme camines por territorios inexplorados; así que no te preocupes si te bautizaste años después de haber aceptado a Cristo.

Mientras buscas la respuesta a «¿Qué sigue?» para ti en esta parte de tu camino, te animo a que pases un tiempo en oración, evaluando en dónde te encuentras en tu relación con Dios. ¿Qué necesita suceder para que alinees tu compromiso con él con la forma en que vives cada día? Pídele al Espíritu Santo que te guíe y te dé entendimiento para tu siguiente paso. Confía en que él te mostrará el camino y te revelará la senda de Dios conforme vayas caminando en fe. Si no te has bautizado después de haber invitado a Jesús a tu corazón, haz una cita con tu pastor u otro líder de la iglesia para hablar sobre cuándo podrías bautizarte. Si ya te bautizaste, reflexiona sobre tu experiencia. ¿Qué significó para ti en ese tiempo? ¿Qué significa para ti hoy?

CAPÍTULO DOS

LA ORACIÓN

CONVERSACIONES CON DIOS

Probablemente no debiera admitir esto, ya que soy un pastor, pero la oración no es fácil para mí. Nunca he sentido que orar sea algo que haga particularmente bien. Siempre he envidiado a los pastores que oran muy elocuentemente o a los que hablan sobre las horas que pasan con Dios cada día; eso me hace pensar: *¿Qué estoy haciendo mal?*

Sospecho que no soy el único que se siente de esta manera. La mayoría de las personas parecen tener una idea sobre lo que debe ser la oración y sienten que se quedan muy cortas. Sin embargo, ¿qué si las ideas que tenemos sobre la oración no son lo que Dios quiere? ¿Qué si no hay una «forma correcta» de orar, así como no hay una forma correcta de disfrutar hablar con alguien que amas, como tu cónyuge, hijos o amigos cercanos? ¿Qué si Dios solo quiere pasar tiempo con nosotros, escuchar nuestro corazón y tener una conversación significativa y sencilla?

LO QUE SE NECESITA PARA ORAR

Si creciste en una iglesia como yo, probablemente tienes conciencia de la oración desde una edad temprana. Tal vez oías cómo se les pedía a las personas orar de forma espontánea, o te enseñaron de la oración en base a la Biblia, o quizá memorizaste el Padre Nuestro. La práctica de la oración en sí misma puede ser intimidante, especialmente cuando se te pide orar en voz alta en medio de un grupo. Inmediatamente nos preocupamos por lo que vamos a decir porque queremos que suene sincero y al mismo tiempo apropiado para el momento. Si nos piden tomarnos de las manos, nos distraemos porque la persona nos aprieta o por su mano fría, o porque apenas alcanzamos a tocar su palma.

Nunca olvidaré cuando asistí por primera vez a una reunión de oración de toda la noche. Sí, entendiste bien: ¡de toda la noche! En ciertos momentos todos se juntaban a orar, pero la mayoría del tiempo se suponía que oraríamos solos. Me fui a un cuarto de oración, me arrodillé y comencé a orar. Rápidamente repasé mis temas habituales y comencé a ensanchar mi red de oración para incluir personas por quienes no siempre oraba.

Mencioné a cada uno de los primos lejanos que pude recordar. Pasando por la familia extendida, amigos cercanos y conocidos, luego pasé a orar por personas que no conocía, como estrellas de cine, el equipo de fútbol de LSU y el presidente. Después pasé a temas globales: oré por cada país que se me venía a la mente, por sus líderes, por los misioneros que había en ellos y por todas las personas que vivían ahí que necesitaban conocer al Señor. Después de orar por tanta gente y tantos lugares por tan largo tiempo, tuve un sentido de logro y calculé que por lo menos habían pasado una o dos horas desde que comencé a orar.

Sin embargo, al voltear a ver mi reloj, me di cuenta de que apenas habían pasado quince minutos.

Entonces me di cuenta de que iba a ser una larga noche.

Esa experiencia me dejó sintiendo que simplemente no era lo suficientemente espiritual como para ser un guerrero de oración. Estaba seguro de que mi mente no debió brincar de un tema a otro, o divagar a asuntos sin ninguna relación con mis peticiones de oración. Tú sabes, algo como: *caray, cómo me duelen las rodillas, y tengo mucha hambre, me pregunto cuándo iremos a comer; ahora podría ir por una pizza, lo cual me recuerda que necesito parar en una tienda para comprar cereal y leche; necesito cambiarle el aceite al auto, he querido hacerlo por semanas...*

Asumí que yo no tenía lo que se requería. Con seguridad ningún guerrero de oración estaría tan desenfocado.

Sin embargo, después me hallé un pasaje de Chuck Swindoll que expresaba exactamente cómo me sentía con respecto a las deficiencias de mis oraciones:

Para ser dolorosamente honesto contigo, la mayoría de las cosas que he leído u oído sobre la oración, o me han dejado bajo una tonelada y media de culpa, o me han preocupado con clichés que suenan píos y conversaciones religiosas sin sentido. Debido a que no pasé dos o tres horas al día hincado como el querido Dr. Fulano de Tal, o no pude entretejer docenas de versos de la Escritura en mi oración... o no tuve éxito en mover montañas, me daba la impresión de que me había quedado dormido en lo referente a esta parte de mi vida cristiana.[2]

¿Alguna vez te has sentido así? ¿Tienes un temor secreto de tener que orar en voz alta en un grupo porque temes que los demás se darán cuenta de la verdad respecto a ti y la oración? A pesar de lo que hayas aprendido o no acerca de la oración, ¿aún sientes que hay una manera correcta de orar y tú simplemente no eres capaz de dominarla?

Independientemente de las impresiones o ideales que asocies con la oración y tus sentimientos con respecto a esto, te pido que hagas todo a un lado por el resto de este capítulo. Vamos a repensar cada idea que has tenido acerca de la oración y qué es lo que se requiere de ti al orar.

A través de los años, me he dado cuenta de que con frecuencia el problema principal de nuestra vida de oración somos nosotros mismos. Las suposiciones y expectativas que atribuimos a la práctica de la oración nos impiden tener una conversación natural y sencilla con Dios. La oración no se trata de recitar frases cristianas o de usar palabras religiosas sofisticadas. No se trata de que suenes como tu pastor o como quienquiera que admires por la forma en que ora. Ni siquiera se trata de estar sentados en círculo tomados de las manos.

¿Qué se necesita para orar? Un corazón dispuesto a hablar con Dios, a escucharle y oír su voz. La oración se trata de su Espíritu y nuestro espíritu conectándose uno con el otro. Se trata de un compañerismo real, de conversaciones abiertas y honestas de corazón a corazón. Se trata de una conversación íntima.

ORA SIN CESAR

¿Cómo podemos hacer un cambio en la forma en que pensamos de la oración a algo más natural y placentero? ¿Cómo podemos dejar de sentir que estamos en el banquillo de los acusados o dando un discurso, y en lugar de eso ver la oración como un vínculo relajado y sencillo que compartimos con alguien que amamos?

Este es el secreto: no hagas de la oración un evento o una obligación. Permite que simplemente sea una conversación continua con Dios cada día. Pablo refuerza esta idea cuando nos dice: «Oren sin cesar» (1 Tesalonicenses 5:17). No es una actividad que paras y luego comienzas, como el ejercicio físico que se realiza y se practica. En lugar de eso, es una comunicación continua, fluida y dinámica entre un Padre amoroso y sus hijos.

La Palabra de Dios nos dice: «Permanezcan en mí, y yo permaneceré en ustedes. Así como ninguna rama puede dar fruto por sí misma, sino que tiene que permanecer en la vid, así tampoco ustedes pueden dar fruto si no permanecen en mí. Yo soy la vid y ustedes son las ramas. El que permanece en mí, como yo en él, dará mucho fruto; separados de mí no pueden ustedes hacer nada» (Juan 15:4-5). Nota la unión orgánica e íntima que este pasaje ilustra entre nosotros y Dios. Somos como ramas unidas a una vid. La vid alimenta y sustenta el crecimiento de las ramas, dándoles vida, y la manera en que permanecemos continuamente conectados a esta fuente de vida es a través de la oración.

La oración debiera ser una conversación continua, como una serie de mensajes de texto intercambiados con un amigo a lo largo del día. El gran evangelista británico, Smith Wigglesworth (¡qué gran nombre!) alguna vez enseñó lo siguiente: «Nunca ores más de veinte minutos, pero nunca dejes que pasen más de veinte minutos sin orar».[3]

Podemos ser intencionales para hablar con Dios cada día, de la misma manera en que programamos otras prioridades o apartamos tiempo para las personas que amamos. Aun cuando es difícil o incómodo, honramos nuestro compromiso con las personas que amamos y tomamos sus llamadas o respondemos a sus mensajes de texto. Si estoy fuera de la casa dando una conferencia, me aseguro de apartar un tiempo para hablarle a mi esposa Tammy. Ella no tiene que recordármelo o forzarme a hacerlo. Mi corazón la extraña, así que ni siquiera tengo que pensar en si quiero escuchar su voz y conectarme con ella para conversar de nuestro día.

Haz de la oración una prioridad hasta que se vuelva una parte natural de tu día.

TOMA TIEMPO PARA ORAR

Así como el matrimonio requiere de esfuerzo y compromiso, nuestra relación con Dios requiere que nosotros lo hagamos nuestra prioridad número uno. Eso significa que necesitamos hallar tiempo para orar. Si yo le digo a mi esposa que la amo, pero nunca tengo tiempo de hablar con ella, comenzará a cuestionar la profundidad de mi amor y mi compromiso. De la misma manera, necesitamos hacer más que solamente decir que queremos conocer a Dios. Necesitamos apartar tiempo para hablar con él y continuar nuestra conversación día a día.

Este diálogo deliberado y continuo con Dios es ejemplificado por uno de mis guerreros de oración favoritos de la Biblia: el profeta Daniel. La Escritura nos dice: «Cuando Daniel se enteró de la publicación del decreto, se fue a su casa y subió a su dormitorio, cuyas ventanas se abrían en dirección a Jerusalén. Allí se arrodilló y se puso a orar y alabar a Dios, pues tenía por costumbre orar tres veces al día» (Daniel 6:10).

Aun cuando fue llevado cautivo por los babilonios juntamente con toda la nación de Israel, Daniel mantuvo su misma vida de oración. Puede ser muy tentador, cuando algo inesperado desajusta tu horario, quitar la cita más importante del día: tu tiempo con Dios. El ejemplo de Daniel nos recuerda que no importa lo que pase, debemos hacer de la oración una prioridad.

No me puedo comparar a Daniel, pero tengo una oficina en el sótano de nuestra casa donde me encanta orar casi todos los días. Voy ahí temprano en la mañana, antes de que todos se despierten, prendo una vela y leo mi Biblia. Luego me siento en una silla confortable y simplemente hablo con Dios.

ENCUENTRA UN LUGAR PARA ORAR

Tal vez ya tienes un lugar especial para orar, pero si no, te animo a que busques un lugar específico. No tiene que ser como mi oficina del sótano o un lugar como el de alguien más. Tu lugar de oración puede ser tan sencillo como tu silla favorita junto a una ventana o una bodega de materiales en tu trabajo. La clave es tener un lugar donde sepas que no te van a interrumpir o distraer, donde puedas relajarte, aquietar tu alma y hablar con Dios. Para la mayoría de nosotros, esto significa apagar nuestros teléfonos, dejar las tabletas y las computadoras portátiles en otro cuarto.

Vemos que aun Jesús tenía un lugar especial donde regularmente hablaba con su Padre: «Muy de madrugada, cuando todavía estaba oscuro, Jesús se levantó, salió de la casa y se fue a un lugar solitario, donde se puso a orar» (Marcos 1:35). En nuestro mundo agitado y electrónicamente conectado no es fácil encontrar nuestro propio lugar para estar a solas con Dios, pero si el ejemplo de Jesús es un indicio, es muy claro que es importante.

Tu lugar de oración no tiene que ser fijo. A veces me gusta caminar por el vecindario y orar. También oro en el auto al ir a una cita o cuando voy a mi oficina. Pongo algo de música de adoración y siento que puedo decir cualquier cosa que tenga en mi corazón tan fuerte como quiera. Es similar a la libertad que sientes cuando oyes tu canción favorita en la radio y la cantas, solamente que en este caso le estás hablando a Dios.

TEN UN PLAN DE ORACIÓN

Aunque es grandioso compartir lo que está en tu corazón cuando oras, también es de mucha ayuda tener algún tipo de estructura. No me hagas caso a mí, hazle caso a Jesús, quien enseñó a sus discípulos a orar basado en lo que ahora llamamos la Oración del Señor o el Padre Nuestro. Este modelo no tenía por objeto ser una oración que memorizáramos para luego recitarla textualmente, aunque si lo haces está bien. Era más una guía porque Jesús sabía que los rabinos judíos enseñaban de forma descriptiva, y que a eso estarían acostumbrados sus seguidores.

Siendo buenos estudiantes hebreos, los discípulos de Jesús habrían aprendido cómo orar las antiguas oraciones judías. Sin embargo, debieron haber notado algo diferente, algo muy personal y poderoso en la forma en que Jesús oraba, porque preguntaron a su Maestro sobre esta diferencia: «Un día estaba Jesús orando en cierto lugar. Cuando terminó, le dijo uno de sus discípulos: "Señor, enséñanos a orar"» (Lucas 11:1).

Respondiéndole, Jesús dijo: «Deberían orar de la siguiente manera» (verso 2, NTV), lo cual significaba que ellos simplemente debían decir algo como lo que estaba a punto de mostrarles. Luego, Jesús oró:

«Padre nuestro que estás en el cielo, santificado sea tu nombre, venga tu reino, hágase tu voluntad en la tierra como en el cielo. Danos hoy nuestro pan cotidiano.

Perdónanos nuestras deudas, como también nosotros hemos perdonado a nuestros deudores. Y no nos dejes caer en tentación, sino líbranos del maligno, porque tuyos son el reino y el poder y la gloria» (Mateo 6:9-13).

Veamos cada una de las siete frases clave del modelo de Jesús para ver qué podemos aprender de su plan de oración:

«PADRE NUESTRO QUE ESTÁS EN EL CIELO».

Primeramente, debemos conectarnos con Dios relacionalmente. Él es nuestro Padre celestial, no una deidad distante e indiferente que nunca podremos conocer. La Biblia nos dice: «Ustedes no han recibido un espíritu que los esclavice al miedo. En cambio, recibieron el Espíritu de Dios cuando él los adoptó como sus propios hijos. Ahora lo llamamos «¡Abba! ¡Padre!» (Romanos 8:15). ¡Al Dios todopoderoso, Creador del universo, le encanta que le llamemos Papito! Así que cuando ores, recuerda tu lazo íntimo con Dios cuando te dirijas a él como tu Padre amoroso.

«SANTIFICADO SEA TU NOMBRE».

Lo siguiente es que debemos adorar su nombre. ¿Por qué debemos adorarlo? Porque la adoración quita el enfoque de nosotros mismos para ponerlo en Dios. Cambia nuestra atención hacia él, en lugar de centrarnos en nuestra propia vida, nuestras circunstancias y nuestras peticiones. Cuando adoramos, nuestros corazones se ponen en sintonía con una actitud de asombro y gratitud.

Una forma de adoración es meditar en los nombres de Dios. ¿Sabías que Dios tiene muchos nombres? En el Antiguo Testamento encontramos por lo menos ocho diferentes nombres de Dios formados por palabras compuestas del hebreo. En la Biblia, un nombre usualmente se refiere a algún aspecto del carácter de una persona. Así que no es sorprendente que estos nombres de Dios revelen o enfaticen diferentes aspectos de su carácter. Por ejemplo: «El nombre del Señor es una fortaleza firme; los justos corren a él y quedan a salvo» (Proverbios 18:10 NTV).

A continuación, una breve lista de algunos otros nombres de Dios:

Justificador: Él me limpia.

Santificador: Él me ha llamado y me ha apartado.

Sanador: Él sana todas mis enfermedades.

Bandera de Victoria: Él ha derrotado a mi enemigo.

Pastor: Él me habla y me dirige.

Paz: Él es mi paz en medio de cada tormenta.

Proveedor: Él suple todas mis necesidades.

Presente: Él está siempre presente para confortarme y ayudarme.

Conocer y usar estos nombres de Dios, nos permite apreciar las diferentes facetas de su carácter y alinea nuestros corazones con el de él.

«VENGA TU REINO, HÁGASE TU VOLUNTAD EN LA TIERRA COMO EN EL CIELO».

Debemos orar primeramente de acuerdo a la agenda de Dios. Hacerlo de esta forma nos ayuda a mantener la perspectiva correcta y reconocer nuestras limitaciones. Nosotros somos la creación; él es el Creador. Sus planes siempre van a ser más altos, más santos y mejores que los nuestros, y cuando rendimos nuestros planes a los suyos demostramos nuestra confianza en él. La Escritura nos asegura que: «Busquen el reino de Dios por encima de todo lo demás, y él les dará todo lo que necesiten» (Lucas 12:31 NTV).

¿Cuáles son los intereses principales de Dios? En primer lugar, él ama a todos sus hijos, así que siempre está en busca de todos los que están perdidos y separados de él. También quiere que honremos y obedezcamos a quienes tienen posiciones de autoridad; él establece estas posiciones para llevar a cabo su voluntad en nuestra vida. Así que oramos por aquellos que están perdidos, por nuestros padres, pastores, jefes y autoridades de gobierno en todos los niveles.

Finalmente, oramos para que la voluntad de Dios sea hecha en nuestras vidas. Le pedimos que dirija nuestros pasos, y confiamos en él en cada paso que vamos dando. Nuevamente, soltamos aquello que frecuentemente tratamos de controlar, forzar o manipular para que suceda, a fin de que podamos recibir la guía y dirección de Aquel que sabe más que nosotros.

«DANOS ESTE DÍA NUESTRO PAN COTIDIANO».

Cuando la Biblia menciona «nuestro pan cotidiano», no solo se refiere a lo que comemos cada día; es un llamado a depender de nuestro Padre para todo. El pan representa las necesidades de la vida, todas las necesidades físicas y materiales. Dios quiere que oremos en lugar de preocuparnos. Cuando oramos por las cosas que necesitamos, no tenemos que preocuparnos por ellas, porque Dios ha prometido proveer para todas nuestras necesidades (Filipenses 4:19).

También, nota que Jesús dijo que oráramos por nuestro pan «cotidiano», no por el pan semanal, mensual o anual. Estaba repasando el calendario de mi teléfono recientemente, ¡y me asombró que incluía todos los meses más allá del 2100! ¡Por si pensabas planear con anticipación! Podríamos estar tentados a preocuparnos por lo que ya sucedió en el pasado o por lo que podría suceder en el futuro. Dios quiere que nos enfoquemos en el hoy, en el presente y en lo que necesitamos por ahora.

Es claro que nuestras necesidades cambian. ¿Qué es lo que necesitas hoy? ¿Energía para poder terminar el día? ¿Más dinero para pagar cuentas inesperadas? ¿Sabiduría para hablar con tu hijo adolescente sobre un conflicto? ¿Paciencia para tratar a tus compañeros de trabajo? ¿Recuerdas cómo Dios proveyó el maná para el pueblo de Israel después de liberarlos de la cautividad de Egipto? Dios les dio el maná, pero se echaba a perder si la gente lo quería guardar por más de un día. Dios quería que su pueblo confiara en él momento a momento.

Esto mismo es verdad cuando se trata de lo que Dios quiere de nosotros. La Escritura nos instruye: «No se inquieten por nada; más bien, en toda ocasión, con oración y ruego, presenten sus peticiones a Dios y denle gracias.» (Filipenses 4:6). Básicamente tenemos dos opciones: entrar en pánico u orar. En este verso somos instruidos a orar en *toda* situación. Podemos orar por todo y por cualquier cosa.

Me avergonzaría decirte algunas de las cosas por las que he orado en mi vida. Algunas de mis peticiones de oración parecen tontas, insignificantes o de menor importancia, pero no avergüenzan a Dios. Cualquier cosa que merezca nuestra preocupación, merece nuestra oración. Después de todo, el salmista escribió: «Levanto la vista hacia las montañas, ¿viene de allí mi ayuda? ¡Mi ayuda viene del Señor, quien hizo el cielo y la tierra!» (Salmos 121:1-2 NTV). Si oráramos tanto como nos preocupamos, tendríamos muchas cosas menos por qué preocuparnos. Pídele a Dios lo que quieras y necesites, y luego confía en él por la respuesta.

«PERDÓNANOS NUESTRAS DEUDAS, COMO TAMBIÉN NOSOTROS HEMOS PERDONADO A NUESTROS DEUDORES».

Jesús nos enseña que nos aseguremos de que nuestro corazón sea recto delante de Dios y de las demás personas. Todos tenemos algo que lamentar. Todos hemos cometido equivocaciones. Todos nos hemos quedado cortos. A pesar de hacer nuestro mejor esfuerzo, sucede una y otra vez. La Biblia dice: «Si confesamos nuestros pecados, Dios, que es fiel y justo, nos los perdonará y nos limpiará de toda maldad» (1 Juan 1:9).

Dios promete: «Yo te limpiaré» y nos perdona de forma instantánea, total, gratuita, repetida y continua. Uno de los beneficios de la oración es que podemos confesar nuestra culpa y deshacernos de ella. No hay razón por la que los cristianos tengan que cargar con culpa en sus vidas día tras día. *Ninguna razón en absoluto.* Si tú lo estás haciendo, no estás aprovechando lo que Cristo Jesús hizo en la cruz. Entrégale tu culpa a Dios.

Dios quiere perdonarte. Lo dice vez tras vez en su Palabra. Pídele que revise tu corazón, que examine tus motivaciones y pensamientos y traiga luz sobre cualquier área que se interponga entre tú y él, o entre tú y otras personas. Luego, así como Dios nos da su gracia, nosotros debemos perdonar a cualquiera que nos haya lastimado u ofendido de cualquier forma. ¡Podemos perdonarlos de antemano!

Sin duda alguna, en la vida todos seremos lastimados: algunas veces será intencionalmente, otras involuntariamente. La forma en que manejemos esas ofensas determinará nuestra felicidad. Por nuestra propia felicidad, debemos aprender a perdonar y practicar el perdón con regularidad. Esta es la única parte del Padre Nuestro en la que Jesús hace un comentario después de enseñar sobre la oración: «Porque, si perdonan a otros sus ofensas, también los perdonará a ustedes su Padre celestial. Pero, si no perdonan a otros sus ofensas, tampoco su Padre les perdonará a ustedes las suyas» (Mateo 6:14-15).

No es que Dios no esté dispuesto a perdonarnos antes de que nosotros perdonemos a aquellos que han pecado contra nosotros; lo que sucede es que estamos bloqueando nuestro propio camino cuando nos negamos a perdonar. Alguien alguna vez fue con Juan Wesley y le dijo: «¡Simplemente no puedo perdonar a esa persona! Me lastimó mucho». Wesley pensó por un momento y le contestó: «Entonces ¡espero que nunca peques!».[4]

La Biblia habla de perdonar y de ser perdonados. Los dos mandamientos están interrelacionados. Por tu propio bien, suelta el pasado. Si alguien te lastimó, suéltalo. Libéralos, y libérate a ti mismo. Ese es uno de los muchos beneficios de la oración. Te ayuda a descargarte.

¡La oración sobre todo es práctica!

«Y NO NOS DEJES CAER EN TENTACIÓN, SINO LÍBRANOS DEL MALIGNO».

En esta parte, Jesús nos recuerda que el mal no es solo una realidad en el mundo en que vivimos, sino que también debemos entablar una guerra espiritual. La Palabra de Dios nos dice: «Porque nuestra lucha no es contra seres humanos, sino contra poderes, contra autoridades, contra potestades que dominan este mundo de tinieblas, contra fuerzas espirituales malignas en las regiones celestiales» (Efesios 6:12).

Toma tu posición ante el enemigo y pelea la buena batalla de la fe. Cada mentira que el enemigo te ha dicho debes reemplazarla por la verdad de la Palabra de Dios. La oración no solo es comunión con Dios; es confrontación con el enemigo.

Dios nos ha dado autoridad sobre el diablo, pero es necesario que nosotros ejerzamos esa autoridad. ¿Cómo ejercemos ese poder? No hay una sola manera correcta, pero esto es lo que yo hago con frecuencia: me imagino todo lo que el enemigo quiere que haga –ceder a las tentaciones, consentir malas actitudes, arremeter contra los demás– y digo en voz alta: «¡No, este día no! No va a suceder». Luego repaso la armadura de Dios (versos 10-18), pieza por pieza, y me la pongo. Después pienso en todas las áreas en las que siento que estoy bajo ataque, y le pido a Dios que me ayude, me cubra y me proteja. ¡Funciona!

¿En qué estás siendo atacado? ¿Cómo está atacándote el enemigo actualmente? ¿Qué está fuera de control en tu vida? Entrégaselo a Dios. Esa es materia prima para la oración. Ora algo como lo siguiente: «Dios, esto está fuera de control en mi vida. No puedo controlar mi temperamento. Dios, no puedo controlar mis pensamientos que divagan. No puedo controlar mi apetito. No puedo controlar mi dependencia. No puedo controlar mi tendencia a...». Sea lo que sea, entrégaselo a Dios y pídele que intervenga.

Otra área en la que Satanás a veces nos ataca tiene que ver con nuestros temores. ¿A qué le tienes miedo? Sé honesto y sencillamente di: «Dios, tengo mucho temor con respecto al futuro... o en relación con este trabajo nuevo... o tengo miedo de que ya no tenga trabajo... o tengo miedo por este problema... o temo que no me case nunca». Sin importar lo que sea, ¡entrégaselo a Dios y permítele vencer ese temor en tu corazón con su verdad! Luego grita: «Busqué al Señor, y él me respondió; me libró de todos mis temores» (Salmos 34:4).

La oración te permite pelear la buena batalla.

«PORQUE TUYOS SON EL REINO Y EL PODER Y LA GLORIA PARA SIEMPRE».

Finalmente, expresa tu fe en la capacidad de Dios. La Escritura nos dice: «¡Ah, Señor mi Dios! Tú, con tu gran fuerza y tu brazo poderoso, has hecho los cielos y la tierra. Para ti no hay nada imposible» (Jeremías 32:17). Termina tu tiempo de oración, recordándote a ti mismo la capacidad de Dios. Vuelve a alabarlo y haz tus declaraciones de fe. Termina afirmando la victoria que Jesús ya ha asegurado:

«Tuyo es el reino». ¡Todo reino te pertenece!
«Tuyo es el poder». ¡Toda fuerza y poderío proviene de ti!
«Tuya es la gloria». ¡Tu victoria es completa!

Aun cuando no te sientas victorioso, recuérdate a ti mismo la verdad de la Palabra de Dios. No permitas que tus emociones te dicten cómo, cuándo o por qué orar. Habla con Dios. Abre tu corazón, escúchalo. Alábalo y dale gracias por todas las bendiciones que hay en tu vida. Alábalo por quién es y porque puedes hablar con él directamente.

TU SIGUIENTE PASO EN EL CAMINO

A veces hacemos la oración más difícil de lo que es, cuando realmente es solo hablar con Dios; y mientras más la practiques, más cómoda y natural te parecerá. No tienes que usar palabras sofisticadas o un español de la versión Reina Valera Antigua de la Biblia. Dios no te está calificando por lo bien que te comuniques, de hecho, no hay nada que puedas hacer para impresionarlo. Él solo quiere conocer tu corazón, escucharte y hablar contigo.

Así que, comienza hoy. Pídele a alguien que conozcas y en quien confíes, que sea tu compañero de oración. Luego pónganse de acuerdo en un tiempo semanal para reunirse, compartir sus peticiones de oración y orar. También comprométanse a orar el uno por el otro el resto de la semana.

Además, te animo a asistir a una reunión de oración en tu iglesia. Aun cuando no vayas a orar en voz alta en el grupo, puedes disfrutar orar con otros y sentirte más relajado en cuanto a la oración al ver las diferentes formas en que otros oran. Tal vez con el tiempo quieras unirte a un equipo de oración, un grupo dedicado a orar por las necesidades de la iglesia juntamente con las peticiones específicas personales.

¡La clave de la oración es simplemente orar! Ora continuamente. Mantén una conversación constante con Dios cada día. Te maravillarás de la forma en que la oración te afirmará a ti y fortalecerá tu relación con Dios.

CAPÍTULO TRES

LA BIBLIA

PERMITE QUE LA PALABRA DE DIOS TE HABLE

La mayoría de mis días comienzan al dirigirme a mi oficina en el sótano de la casa, después de levantarme. Bajo con mis pantalones de dormir y alguna camiseta vieja y fea que Tammy desearía poder tirar. En mi oficina prendo una vela, aunque no por ninguna razón espiritual; solo porque me gusta el aroma fresco y el ambiente que crea. No estoy tan despierto como para comenzar a orar, así es que tomo mi Biblia, una que me regalaron poco después de que entregué mi vida a Jesús, y voy al lugar donde me quedé el día anterior.

Ya conozco muy bien sus páginas y utilizo palabras subrayadas y mis notas manuscritas en los márgenes como puntos de referencia para navegar a través de ella. No tengo a mi lado una pila de Biblias de estudio, ni un juego de concordancias o enciclopedias teológicas en libreros de piso a techo. No tengo a la mano tres pares de lentes, como C.S. Lewis, para ajustar mi visión a los diferentes tamaños de letra de los textos (¡qué bueno que hay bifocales!). Solo somos la Palabra y yo.

Quizás sea un fanático de la Biblia, pero sigo emocionándome genuinamente al leer la Palabra de Dios cada mañana, al meditar y reflexionar sobre ella, y llevarla conmigo durante el día. De hecho, mi día favorito de la semana es el que llamo mi día de estudio. Es cuando me sumerjo en el estudio de la Biblia e investigo cualquier cosa que necesite saber para informar y aumentar mi comprensión. Me encanta poder entregar el mensaje que Dios me da cada semana, pero hay algo respecto a estar solo con Su Palabra que me emociona.

Tú también puedes experimentar esta emoción. No tienes que ser pastor, o ir a una escuela bíblica, ni conocer el hebreo antiguo y el griego.

Muchas personas me dicen que no leen la Biblia porque se sienten abrumadas con ella. No saben dónde comenzar y realmente no entienden lo que están leyendo o cómo encaja eso en su entendimiento de Dios y su plan para ellos. Batallan por ver su relevancia y cómo se aplica a sus vidas hoy en día, pero no tiene que ser así. De hecho, la Biblia es la sabiduría más relevante que hay y tiene una gran riqueza de instrucción solo esperando ser extraída.

Enamorémonos de la Palabra de Dios juntos.

Permitamos que Dios nos hable a través de ella.

Sin embargo, debido a que es difícil amar algo que realmente no entendemos, comencemos por pensar en lo que necesitamos saber.

EL BUEN LIBRO

La palabra *biblia* simplemente significa «libro». Viene del griego *biblios*, que se originó en la ciudad griega de Byblos, la mayor importadora de papiro en el mundo antiguo, por lo tanto, un centro importante de producción de libros. Aunque muchas biblias, (estoy usando la palabra en forma genérica aquí), eran impresas, distribuidas y leídas en el transcurso del tiempo, la Biblia, refiriéndonos a la Palabra de Dios, destaca entre todas ellas.

En resumen, la Biblia no es un libro normal. Es la *Hagios Biblios*, la Santa Biblia, (ya que *hagios* significa «sagrado» o «separado»). No hay ningún otro libro como ella y nunca lo habrá. La Biblia es el libro más leído de la historia, el más vendido de todos los tiempos y el más traducido, disponible ahora en la mayoría de las lenguas y dialectos conocidos de hoy. Fue escrito en tres diferentes idiomas en un periodo de mil seiscientos años en más de una docena de países en tres continentes, por personas de diferentes trasfondos. Aunque la mayoría de ellos no se conocían entre sí ni vivieron en el mismo periodo de tiempo, todos tomaron parte en la misma historia.

Muchos otros sistemas de creencias tienen un libro sagrado escrito por una persona. El Corán fue escrito por Mahoma. Las Analectas de Confucio se cree que fueron escritas por una misma persona, así como los escritos de Buda. Cuando un libro tiene un solo escritor, tiene sentido esperar un estilo de expresión constante y uniforme en el libro. Sin embargo, la Biblia fue escrita por un grupo singular de poetas, profetas, granjeros, pescadores, recolectores de impuestos, académicos, hombres de negocios y doctores. Fue escrita en cuevas, barcos, palacios, prisiones y desiertos. Incluye exclamaciones del corazón increíblemente personales y vulnerables, como las que encontramos en Salmos; también contiene historias y cartas personales.

A pesar de estas singulares diferencias, y de tener casi cuarenta escritores, la Biblia tiene un solo autor, Dios mismo. Se nos dice que: «Toda la Escritura es inspirada por Dios y útil para enseñar, para reprender, para corregir y para instruir en la justicia, a fin de que el siervo de Dios esté enteramente capacitado para toda buena obra» (2 Timoteo 3:16-17). En cierta manera, la Biblia es una autobiografía de Dios. Está inspirada por su aliento e impregnada de su poder. La Palabra viviente nos da su plan de redención para todas las personas.

También la Biblia nos habla a nosotros como individuos; nos provee un fundamento para nuestra vida.

CONSTRUYE TU VIDA BASÁNDOTE EN LA PALABRA DE DIOS

Si quieres conocer a Dios, si quieres dar el próximo paso en tu camino de fe, entonces, sin importar dónde estés, puedes construir tu vida basándote en la Palabra de Dios. Es el cimiento y la piedra angular de quienes somos y todo lo que hacemos; no es una parte opcional de nuestra fe que podemos ignorar si no nos gusta o no entendemos. Leemos en Mateo:

«Todo el que presta atención a mis enseñanzas y las pone en práctica es tan sabio como el hombre que edificó su casa sobre una roca bien firme» (7:24 NBV).

Si edificar nuestra vida con fundamento en la Palabra de Dios no es opcional, entonces el cómo se convierte en un tema práctico. La vida cristiana es sobre todo práctica, la Biblia nos provee una especie de manual del fabricante de nuestro Creador. Dios sabe qué es verdad y qué es lo mejor para nosotros, así que podemos confiar en que él nos revelará las instrucciones necesarias para cada aspecto de nuestra vida. Pero ¿cómo debes relacionarte con la Escritura y cómo la estableces como el fundamento de tu vida? Demos un vistazo a varias directrices que he encontrado útiles a través de los años.

1. DALE LA BIENVENIDA A LA BIBLIA Y ACEPTA SU AUTORIDAD.

No puedes tener una actitud de «tómalo o déjalo» con relación a la Palabra de Dios. No puedes pretender que es obsoleta y ya no es aplicable a nosotros. La forma en que percibes la Biblia hace una gran diferencia en tu actitud y en la completa aceptación de la autoridad de Dios sobre tu vida. Así como escribió Pablo a la iglesia en Tesalónica: «Así que no dejamos de dar gracias a Dios, porque al oír ustedes la palabra de Dios que les predicamos, la aceptaron no como palabra humana, sino como lo que realmente es, palabra de Dios, la cual actúa en ustedes los creyentes» (1 Tesalonicenses 2:13).

Cuando tienes una relación con Dios a través del Espíritu Santo que mora en ti, también tienes una relación con su Palabra. Recibir y aceptar la Biblia como la clara Palabra de Dios, y reconocer que sus páginas han sido inspiradas y registradas divinamente, requiere que le atribuyas una autoridad que ninguna otra fuente tiene.

Esto es significativo, porque hace que la Palabra de Dios esté por encima de cualquier otra fuente de enseñanza de tu vida: lo que aprendiste (o no aprendiste) de tus padres, la educación que te dieron en la escuela, todo lo que las demás personas te han dicho, cualquier otro libro sin importar su autor y lo que lees en los medios electrónicos en línea. En otras palabras, ningún otro libro, poema o idea debe ser equiparado con la Biblia en autoridad y revelación.

Toda predicación, enseñanza y profecía junto con cualquier otro tipo de comunicación que sea declarada en el nombre del Señor, deben estar sujetas a evaluación en base al contenido de la Palabra de Dios. Esto elimina la mayoría de las áreas grises de la vida, algo que no siempre apreciamos. Si eres como yo, puedes ser tentado a pensar que tú eres la excepción y Dios te permitirá huecos que no permite a otros. Por ejemplo, estás de acuerdo en que decir una mentira es un pecado, pero te justificas al no decir toda la verdad cuando tu cónyuge te hace una pregunta porque no quieres herir sus sentimientos.

Sin embargo, la Palabra de Dios no hace excepciones; la autoridad de Dios se aplica a todos nosotros. Para crecer en tu fe, debes resolver el asunto de la autoridad en tu vida. Una vez que eso esté resuelto, te puede sorprender cuán liberado te vas a sentir. Las directrices de Dios proveen límites santos y saludables para tu vida. Te dan sabiduría para todo lo que emprendas, desde el matrimonio hasta la paternidad; para el dolor personal y la celebración en comunidad; todo puede ser encontrado en la Escritura. La Biblia te ayuda a vivir tu vida con más paz, más gozo y mayor realización.

Sin embargo, tienes que permitir que la Palabra de Dios tenga la última palabra.

2. INCLUYE LA BIBLIA REGULARMENTE EN TU VIDA.

Incluir la Palabra de Dios en tu vida significa que regularmente pasas tiempo leyéndola, estudiándola, pensando en ella y meditándola, orándola y utilizándola. Ya sea en la mañana o en el receso del almuerzo, antes de irte a la cama; cuando mejor puedas enfocar tu mente y tu corazón para meterte en ella, haz de la lectura de la Biblia una prioridad diaria. Si pasas días o semanas sin hablarle a tu cónyuge o a una persona que amas, te distanciarás y desconectarás. Lo mismo es cierto en cuanto a nuestra relación con Dios si no nos metemos en la Palabra.

Soy un apasionado de la lectura diaria de la Biblia. Esto junto con la oración, establece nuestra comunicación regular con Dios. Nuestro cuerpo requiere de nutrimentos diarios, asimismo nuestra alma. Cuando pasamos tiempo con la Palabra, nos estamos alimentando con el Pan de Vida y disfrutando de una comida espiritual con Dios. Algunas veces me gusta omitir algunas comidas y ayunar, para pasar el tiempo habitual de la comida recibiendo sustento espiritual de la Escritura. Jesús mismo dijo: «Escrito está: "No solo de pan vive el hombre, sino de toda palabra que sale de la boca de Dios"» (Mateo 4:4).

Además de leer la Biblia en nuestro tiempo personal, debemos también escuchar la Palabra de Dios. Se nos dice: «Así que la fe viene del oír, y el oír, por la palabra de Cristo» (Romanos 10:17 NBLH). Al oír la Palabra de Dios –de predicadores, maestros, líderes de iglesia y otros seguidores de Jesús– crecemos en nuestro entendimiento y apreciación de lo que Dios ha empaquetado en la Biblia. Sin embargo, yo diría que todos debemos tener cuidado de no sentirnos muy cómodos solo escuchando la Palabra sin leerla nosotros mismos.

Algunas veces las personas me dicen que no necesitan leer su Biblia porque están en la iglesia con tanta frecuencia que la escuchan todo el tiempo. Aunque me emocione que estén siendo alimentados por la Palabra cuando están en la iglesia, de todas formas, no hay sustituto para el encuentro directo y personal que tienes con Dios a través de su Palabra. Así que no importa lo mucho que oigas de los demás, toma tiempo con la Biblia; cuida y aprecia ese tiempo.

3. HAZ UN PLAN INTENCIONAL PARA PRIORIZAR TU TIEMPO EN LA PALABRA DE DIOS.

Tu plan para leer y estudiar la Biblia puede ser tan singular y único como tú. ¿Recuerdas cuando estabas en la escuela cómo a algunos estudiantes les gustaba subrayar todo y utilizar marcadores en el texto, mientras otros tomaban notas en un cuaderno aparte? o tal vez recuerdas cómo a algunas personas les gustaba escuchar música al estudiar, mientras otras necesitaban absoluto silencio. Todos somos diferentes y aprendemos de diferentes formas. Utiliza lo que sabes de ti mismo y la forma en que puedes aprender mejor, y aplícalo a tu plan de lectura de la Escritura.

Por ejemplo, me gustan las versiones digitales de la Biblia y las utilizo cuando es conveniente o cuando voy en camino a alguna parte, pero sigo llevando conmigo mi vieja Biblia con las esquinas dobladas. Hay algo singular al poder dar vuelta a las páginas y poner mi dedo en una hoja mientras busco en otra. Sé que se puede hacer lo mismo digitalmente, pero para mí no es lo mismo. Mi vieja Biblia la siento muy personal con muchos años de notas, texto subrayado, preguntas y referencias en los márgenes.

Ser constante con relación a cuándo leer tu Biblia también es importante. Aparta un tiempo en el que sepas que no estarás apresurado y podrás enfocarte sin interrupciones. Apaga tu teléfono (otra razón para no leer una versión digital: puedes ser tentado a responder mensajes, correos o llamadas). Haz de ese tiempo una rutina que disfrutes, algo que esperes con interés, en lugar de sentirte obligado a hacerlo para poder marcarlo en tu lista.

La clave es hacer de la lectura de la Palabra de Dios una prioridad, no una ocurrencia de último momento o algo a lo que le hacemos un hueco si es que nos acordamos. Como el ejercicio físico, la forma en que mejor nos beneficiamos de él es con una rutina que se acople a nuestro estilo de vida. Piensa en la etapa de vida que estás viviendo, revisa tu horario actual y establece un tiempo congruente para aprender a escuchar a Dios a través de Su Palabra.

4. ELIGE UNA ESTRATEGIA PARA LEER LA BIBLIA.

No te voy a decir que no solamente hojees la Biblia y leas al azar cualquier página que abras, sino como con la mayoría de las cosas, creo que tendrá más sentido y ayudará a tu comprensión el hecho de tener un plan de lectura. Escoger una estrategia de cómo vas a leer te ayudará a desglosar toda la Biblia en partes más pequeñas y accesibles, lo que a su vez ayudará a que la sientas menos apabullante.

Por esta razón me gusta el plan de la Biblia de un año. Con sesenta y seis libros –treinta y nueve en el Antiguo Testamento y veintisiete en el Nuevo– y un total de mil ciento ochenta y nueve capítulos, la Biblia podría parecer el Monte Everest. Sin embargo, si desglosas la lectura en tres o cuatro capítulos por día, como se recomienda en la Biblia en un año, fácilmente podrás mantener el ritmo y leer toda la Palabra de Dios el año siguiente.

Si esto aún lo sientes intimidante, considera otras formas de llevar a cabo tu estrategia de lectura. Por ejemplo, podrías enfocarte en los Evangelios de Mateo, Marcos, Lucas y Juan. Si lees tres capítulos al día, terminarás los ochenta y nueve capítulos en un mes. Claro está, que también puedes bajar el paso y leer un capítulo al día durante tres meses.

Otra forma de abordarlo es enfocarte en el salterio. Salmos tienen un total de ciento cincuenta capítulos, así que puedes decidir cuántos capítulos leer al día y cuánto tiempo te tomará terminar de leerlos todos. De forma similar, puedes tomar los treinta y un capítulos de Proverbios y enfocarte en uno cada día por un mes.

Puedes escoger cualquiera de estos criterios u otros que no hemos mencionado aquí, pero vale la pena que consideres de antemano cuál será el más útil para que no te sientas abrumado al ver los sesenta y seis libros de la Biblia y pares antes de comenzar.

5. NO SOLO LEAS LA BIBLIA; PERMITE QUE LA BIBLIA TE LEA A TI.

Invita a Dios a que te hable conforme vayas leyendo su Palabra. Pon atención, escucha lo que el Espíritu Santo pueda revelarte acerca de ti mismo y tu vida. No leas solo echando un vistazo a las líneas de la página; detente y absorbe las palabras. Léelas una y otra vez, y permite que Dios te hable sobre lo que vea en ti y la manera en que te esté llamando a seguirle más plenamente. Personaliza lo que estés leyendo; date cuenta de que no solo es algo histórico y poético, sino también algo inspirado y eterno. La Palabra de Dios es la misma ayer, hoy y siempre.

Cuando estudias y meditas en la Palabra de Dios, incrementas tu entendimiento de ella y su aplicación a tu vida. Como escribió el salmista: «En mi corazón atesoro tus dichos para no pecar contra ti» (Salmos 119:11). Hay muchísima riqueza a tu disposición cuando estudias la Biblia. Si sientes que te atoras al estar leyendo por tu cuenta, recuerda que puedes investigar digitalmente todas las partes del pasaje que estés leyendo, con toda la información que tienes al alcance de tu mano por medio de tu teléfono, tableta o computadora. Si eres parte de un grupo pequeño, también puedes aprovechar la oportunidad de aprender de los demás y conversar con ellos de lo que entiendan del pasaje de la Escritura que estén leyendo juntos. También, tu grupo puede participar en uno de los tantos estudios temáticos disponibles sobre, finanzas, paternidad, relaciones y demás, con un currículo que te guíe conforme estudies esos temas en la Biblia. Estos grupos de estudio usualmente requieren que pases un tiempo en la Palabra entre las sesiones, ayudándote a ser intencional y estratégico tanto individual como colectivamente.

6. BUSCA FORMAS DE APLICAR LA BIBLIA A TU VIDA DIARIA.

La Palabra de Dios es clara: «No se contenten solo con escuchar la palabra, pues así se engañan ustedes mismos. Llévenla a la práctica» (Santiago 1:22). Permíteme repetirte, la Biblia sigue siendo práctica y relevante para nuestras vidas hoy en día. Jesús dijo: «Todo el que me oye estas palabras y las pone en práctica es como un hombre prudente que construyó su casa sobre la roca» (Mateo 7:24). Su instrucción, así como el ejemplo de su vida, nos brindan recursos claros y remedios para todo; cualquier cosa que enfrentemos.

Aunque desde antes creía esta verdad, realmente tuvo sentido después de que Tammy y yo nos casamos y robaron nuestro departamento. Estábamos consternados

por perder nuestras cosas, pero también me sentí enojado y violado porque alguien se metió a nuestra casa.
Comenzamos a orar juntos sobre este tema, buscando en
la Palabra de Dios pasajes relevantes. Hicimos una lista
de versículos sobre cómo manejar nuestros sentimientos
de ira, temor, violación y pérdida.

Desde que sucedió ese incidente, cada vez que tengo
un problema, grande o pequeño, busco un versículo que
se aplique a eso y me enfoco en él, y no en el problema
o en mi habilidad para resolverlo. Dios es más grande
que cualquier situación que vayas a enfrentar, no importa
lo devastador, irritante o doloroso que pueda ser en ese
momento. En lugar de enfocarte en tu interior y seguir
inquietándote por las circunstancias o la forma en que te
han ofendido, canaliza tu energía y atención a la verdad
eterna de la Palabra de Dios.

Cualquier cosa por la que estés pasando, busca un
versículo para esa situación y medita en él. A continuación, hay algunos de mis favoritos con los que puedes
comenzar:

- **Batallas.** 1 Juan 4:4; Lucas 10:19; Romanos 8:37
  («Somos más que vencedores»).
- **Dinero.** Salmos 1:1-3; Filipenses 4:19 («Dios les
  proveerá de todo lo que necesiten»).
- **Temor.** Salmos 27:1 («El Señor es mi luz y mi
  salvación; ¿a quién temeré?»).

- **Enfermedad.** Salmos 103:2-3 («Alaba, alma mía, al Señor... sana todas tus dolencias»).
- **Confianza.** 2 Corintios 3:6 («Él nos ha capacitado»).
- **Seguridad.** Salmos 121:8 («El Señor te cuidará en el hogar y en el camino»).
- **Dentista.** Salmos 81:10 («Abre bien la boca, y te la llenaré»).

TU SIGUIENTE PASO EN EL CAMINO

Hacer la Biblia el fundamento de tu vida no es difícil. Algunas personas se resisten porque no tienen estudios teológicos o creen que no son lo suficientemente inteligentes para entenderla. Otros ven a la Biblia como algo muy difícil de abordar, demasiado abrumador. Algunos manejan mal su tiempo navegando en las redes sociales o viendo series maratónicas en *Netflix* en lugar de apartar el tiempo para la Palabra, y hacerla la prioridad que quieren que sea.

Si recuerdas que leer la Biblia se trata de *relación* –y no de teología, tarea o análisis literario– se vuelve mucho más fácil. Leer la Biblia no es una obligación sino una forma privilegiada de acceder al corazón de Dios. Búscalo en las páginas, las historias, la poesía y las cartas que lees en la Palabra. Escucha y permite que él hable a tu corazón a través de la Escritura, alimentando tu espíritu, sanando tus heridas, consolándote, instruyéndote y empoderándote, porque como nos recuerda Hebreos 4:12: «La palabra de Dios es viva y poderosa».

SECCIÓN 2

ENCUENTRA LA LIBERTAD

L*ibertad.*

La palabra siempre me hace pensar en William Wallace y *Corazón Valiente*, una película premiada por la Academia, basada en el enfrentamiento épico de Wallace contra el rey Eduardo I de Inglaterra, en la primera guerra de la independencia escocesa, a fines del siglo XIII. Cuando pienso en libertad, recuerdo la inolvidable escena donde Wallace trata de animar a sus compañeros escoceses a la batalla.

Él le pregunta a la gran multitud: «¿Qué van a hacer?».

Ellos levantan la cabeza, consideran el intimidante tamaño del ejército inglés y gritan: «¡Vamos a correr!».

Nos parece gracioso hoy en día, al menos por un breve instante, pero luego Wallace responde con una verdad profunda que no es motivo de risa. Él dice: «Corran y vivirán, al menos por un tiempo; y muchos años después de este día, cuando estén en sus camas a la hora de la muerte, ¿¡estarán dispuestos a cambiar todos esos días a partir de ahora, por una oportunidad, solo una oportunidad de regresar aquí y decirles a nuestros enemigos que podrán tomar nuestras vidas, pero nunca podrán tomar nuestra libertad!?».

Estoy convencido de que todo ser humano quiere ser libre, disfrutar de la facultad de escoger por sí mismo dónde y cómo vivirá su vida. Este deseo inherente por la libertad motivó a los patriotas que formaron nuestra nación, y a los muchos hombres y mujeres que han muerto defendiendo la libertad de nuestro país desde entonces.

Está en nosotros el ser libres, Dios puso ese anhelo ahí, pero el enemigo de nuestra alma quiere que corramos, que nos escondamos del conflicto, y evitemos pelear por ser las personas que Dios creó. Sin embargo, una vez que tenemos una relación con Dios, tenemos su poder en nosotros y no tenemos que enfrentar los desafíos de la vida solos. Nuestros temores, ansiedades y preocupaciones no pueden esclavizarnos. Las trampas del enemigo ya no nos dejan atrapados, como víctimas de las circunstancias que escapan de nuestro control.

Una vez que comenzamos nuestra relación con Dios, ya que empezamos a conocerlo y a caminar con él diariamente, el siguiente paso en nuestro camino es permitir que su poder nos transforme y nos sane para darnos libertad. El poder de nuestra relación con nuestro Padre amoroso nos cambia, y nos da la valentía, la fuerza y la resiliencia que necesitamos para enfrentar viejas heridas, complejos actuales y actitudes destructivas.

El término teológico para este paso es *liberación*, que puede sonar dramático y escalofriante, pero usualmente es algo sutil y más bien gradual. Podríamos pensar que vamos a experimentar un momento espectacular, como sacado de una escena de *El exorcista*, y que vamos a ser sanados instantáneamente y aliviados de las cargas de todas nuestras luchas; eso puede suceder y sucede algunas veces, pero típicamente no es así como funciona.

En lugar de eso, frecuentemente tenemos que enfrentar las heridas dolorosas de nuestro pasado e invitar a Dios a sanarnos en esas áreas. Debemos responsabilizarnos de nuestros hábitos y conductas, y de los caminos pecaminosos en los que hemos incurrido tratando de satisfacer nuestras necesidades personales. Para la mayoría de las personas, la liberación se reduce a un área específica y desafiante de su vida que no pueden controlar.

Esta batalla no es un asunto de cielo o infierno; la sangre de Jesús ya se ha encargado de eso. No, esta batalla es un asunto de calidad de vida, un tema de cómo viviremos nuestras vidas terrenales hasta que lleguemos al cielo. Al enemigo le encantaría mantenernos distraídos, afligidos y deprimidos por esta batalla para que nunca crezcamos y alcancemos todo nuestro potencial, y por lo tanto no hagamos todo lo que Dios nos ha llamado a hacer.

Lo más probable es que sabes exactamente de lo que estoy hablando.

Es esa área que te está deteniendo. La misma petición que casi siempre está en tus oraciones. La meta constante que aparece en tus resoluciones de cada año. El secreto que temes compartir.

El área donde más necesitas libertad.

LIBERTAD PARA LOS CAUTIVOS

La libertad es una de las principales razones por las que Jesús vino a la tierra; para vivir, morir y resucitar, y así vencer al enemigo una vez y para siempre. Cuando Jesucristo comenzó su ministerio público fue a la sinagoga y leyó las palabras del profeta Isaías:

«El Espíritu del Señor está sobre mí, por cuanto me ha ungido para anunciar buenas nuevas a los pobres. Me ha enviado a proclamar libertad a los cautivos y dar vista a los ciegos, a poner en libertad a los oprimidos, a pregonar el año del favor del Señor» (Lucas 4:18-19).

Cristo vino a predicar las buenas noticias del evangelio, y ese es el primer paso: restaurar nuestra relación con Dios conforme vamos recibiendo y experimentando su gracia y amor en nuestra salvación. Sin embargo, el siguiente paso es vivir plenamente en este nuevo dominio espiritual de completa libertad. Vemos con frecuencia evidencia de esto cuando Jesús liberaba a las personas durante su ministerio: «Me refiero a Jesús de Nazaret: cómo lo ungió Dios con el Espíritu Santo y con poder, y cómo anduvo haciendo el bien y sanando a todos los que estaban oprimidos por el diablo, porque Dios estaba con él» (Hechos 10:38). También se nos dice que: «El Hijo de Dios fue enviado precisamente para destruir las obras del diablo» (1 Juan 3:8).

Lo interesante es que la mayoría de nosotros no tenemos una atadura tan fuerte como pensamos. La mayor parte de nuestros problemas se originan en las mentiras que hemos aceptado como verdades. Estas mentiras causan que nos quedemos en donde estamos, atorados en un lugar, como si corriéramos en una caminadora de pensamientos negativos y repetitivos que nos impiden avanzar en la libertad de Dios. Pensamos que no hay nada que podamos hacer para cambiar —lo cual es verdad, *nosotros* no podemos— ¡pero nuestro Dios sí puede!

Si quieres dar el siguiente paso en tu crecimiento espiritual, entonces es tiempo de liberarte de las cadenas que te atan y de los obstáculos que continuamente parecieran hacerte tropezar. La Palabra de Dios nos dice:

Pues aunque vivimos en el mundo, no libramos batallas como lo hace el mundo.

Las armas con que luchamos no son del mundo, sino que tienen el poder divino para derribar fortalezas. Destruimos argumentos y toda altivez que se levanta contra el conocimiento de Dios, y llevamos cautivo todo pensamiento para que se someta a Cristo (1 Corintios 10:3-15).

La palabra *fortalezas* viene del griego *ochyroma*, que literalmente significa un prisionero encerrado por engaño; en otras palabras, un prisionero que vive la vida basado en una creencia que no es verdadera. Me gusta la estrategia de Beth Moore para vencer estas creencias falsas. En su libro *Orando la Palabra de Dios,* enseña cómo orar la Palabra para vencer las fortalezas del enemigo. Ella define fortaleza como cualquier cosa que se exalta a sí misma en nuestras mentes, «pretendiendo» ser más grande o más poderosa que nuestro Dios.[5] El asunto, la lucha o el secreto no son más grandes ni más poderosos que nuestra habilidad para vencerlos, pero muy frecuentemente pensamos que los son.

MENTIRAS QUE ATAN

Vivir una vida basada en creencias falsas imbuidas me recuerda la historia de Elizabeth Smart. Puede que recuerdes que fue secuestrada de su casa a la edad de catorce años en Salt Lake City por un hombre llamado Brian David Mitchell. Ayudado por su esposa, Wanda Barzee, Mitchell mantuvo cautiva a la joven Elizabeth Smart por nueve meses hasta que fue rescatada por las autoridades en una calle de Sandy, Utah, a menos de treinta y dos kilómetros de su casa.

Conforme se fue desenvolviendo la historia de Smart durante su cautiverio, fue muy claro que pudo haber escapado varias veces antes de que la reconocieran los vecinos de Sandy que contactaron a la policía. El secuestrador de Smart con frecuencia la sacaba a la calle, encubierta o disfrazada, e incluso la llevó a la biblioteca local una vez.

En una de sus salidas, la policía los detuvo y les preguntó si habían visto a una muchacha de ahí, llamada Elizabeth Smart que había desaparecido.

Estando parada frente a ellos, todo lo que tenía que hacer era gritar: «¡Yo soy Elizabeth Smart!», pero no lo hizo. Alimentada por mentiras de sus secuestradores, Smart estaba convencida de que algo malo pasaría si decía la verdad sobre su identidad. Ella pensó que Mitchell y su esposa no solo la lastimarían a ella, sino también a su familia. Su temor a algo que no era verdad le impidió ser libre.

Así es como opera el diablo. Él tiene poder en este mundo, pero no autoridad. Así que continúa hablándonos hasta que le creemos. Terminamos aceptando sus mentiras como verdades, permitiéndoles entrar en nuestros pensamientos de modo que envenenan nuestras emociones e influencian nuestras acciones. Satanás pretende tener autoridad sobre nosotros, pero no es verdad. Se nos ha dado autoridad a través del poder de Jesucristo y su Espíritu que mora en nosotros. Sin embargo, frecuentemente no nos apropiamos ni ejercemos la autoridad y poder que se nos ha dado. En lugar de esto, creemos una mentira y le damos poder al mentiroso.

Todos experimentamos estas fortalezas y su impacto en nuestras vidas. Desvían nuestro enfoque y consumen nuestra mente. Nos hacen sentir controlados por nuestros deseos y temores hasta que creemos que no tenemos el poder para cambiar. Comenzamos a decir cosas como:

«Nunca podré detener esto. Siempre me sentiré indefenso en lo que respecta a esto».

Con el tiempo, esta fortaleza se convierte en parte de nuestra identidad. Nos enfocamos solamente en nuestra debilidad, nuestra lucha, nuestra adicción o nuestro fracaso y reducimos nuestra identidad a su nivel haciéndolo el centro de quienes somos; decimos cosas como: «Soy un fumador». «Soy un alcohólico». «Soy un adicto». «Soy un tramposo». «Soy un mentiroso». «Soy un adúltero». «Siempre fallaré».

A Satanás le encanta que nos atemos a nosotros mismos de esta manera. Él quiere que interioricemos nuestras adicciones para que sus mentiras se conviertan en parte de nuestro pensamiento, y nos impidan conocer la verdad de nuestra libertad en Cristo. Muy pronto, sus mentiras están tan arraigadas que comenzamos a dar excusas y a justificarnos a nosotros mismos por ceder a las tentaciones vez tras vez.

Este ciclo consume energía emocional. Nos sentimos cada vez más desesperanzados. Nuestra vida parece ser un gran fracaso, una constante batalla, sin momentos de paz. Nos convencemos de que no hay salida.

Eso es exactamente lo que quiere el enemigo, desviarnos del propósito que Dios nos dio y del poder que nos ha dado para vivir ese propósito. La meta máxima de Satanás es impedir que seamos efectivos. Él ha venido a hurtar, matar y destruir; quiere robarnos de la vida abundante que Jesús vino a traernos, pero no tenemos que quedarnos con los brazos cruzados y dejarlo ganar.

TU CORAZÓN VALIENTE

Vencer fortalezas y vivir en libertad es tan esencial en la vida cristiana que nuestra iglesia ha creado todo un ministerio alrededor de esto. Tenemos *grupos pequeños de libertad* y animamos a todos los de nuestra familia de *Highlands* a que los experimenten una vez que hayan aceptado a Jesús como su Salvador y hayan comenzado su camino espiritual. En estos pequeños grupos comunitarios, nuestra gente pasa por un currículo de doce semanas en donde son expuestas muchas de las mentiras que quizá creen y son reemplazadas con la verdad de Dios. Capa tras capa, las mentiras del enemigo son descubiertas, fortalezas son derribadas y comienza la sanidad. La palabra de Dios nos asegura que: «Entrarán en razón y escaparán de la trampa del diablo. Pues él los ha tenido cautivos, para que hagan lo que él quiere» (2 Timoteo 2:26 NTV).

Entonces, específicamente, ¿cómo nos liberamos? ¿cómo se vería este proceso de vivir en libertad? De esto se trata esta sección.

«Cuando un hombre fuerte y bien armado cuida su casa, todo lo que él tiene está seguro.

Pero si llega otro más fuerte que él y lo vence, le quitará las armas en que confía y repartirá todo lo que le quitó» (Lucas 11:21-22 NBV).

Quiero que seas fuerte, que estés preparado y empoderado. En palabras de William Wallace, quiero que aceptes la invitación de Dios: «Tu corazón es libre. Ten la valentía de seguirlo».

CAPÍTULO CUATRO

LAS RELACIONES

MUÉSTRAME A TUS AMIGOS

Mi predicación nunca cambiará la vida de nadie. Es dolorosamente decepcionante admitirlo, pero sé que es verdad, y así es como lo puedo probar: si tú hablas con cualquier miembro o persona que asiste regularmente a nuestra iglesia y le pides que te describa los últimos cinco mensajes que he predicado, me sorprendería que pudiera nombrar más de uno ¡si acaso! Aunque les hayan gustado esos sermones y se hayan beneficiado con ellos al escucharlos, los sermones por sí mismos seguramente no crearon una impresión perdurable en la mayoría de las personas.

Sin embargo, todos pueden nombrar a cinco personas que hayan hecho un impacto dramático en su vida, tanto para bien como para mal. Puede ser un miembro de tu familia extendida, un maestro, un entrenador o un pastor; quizás tu mejor amigo de la escuela en bachillerato, el jefe de tu primer trabajo o el vecino de la esquina de tu casa. Puedo apostar que fácilmente puedes pensar en más de cinco en menos de un minuto; cada uno moldeando e influenciando tu vida de alguna forma.

No me malinterpretes, amo la buena predicación y hago todo lo que está a mi alcance para tener la mejor atmósfera de adoración y la mejor y más impactante reunión posible en la iglesia. La predicación y la enseñanza tienen un rol muy importante en el proceso para vivir en la libertad plena de tu identidad en Cristo. Escuchar la Palabra de Dios y aprender su verdad produce un efecto catalizador en tu deseo de cambio y simultáneamente te prepara para vencer los obstáculos del enemigo en tu camino.

Sin embargo, la verdadera prueba no ocurre el domingo en la mañana o cuando asistes a la iglesia, sino día tras día —al trabajar, al ser padre, al conducir, al comprar, al cocinar, al servir— y todo lo demás que hagas cualquier día. Rara vez lograrás practicar tu fe y ejercer tu libertad espiritual si solamente son Dios y tú. Él nos creó a su imagen como seres relacionales, así que no nos debiera sorprender que los cambios en nosotros suceden en el contexto de nuestras relaciones.

CONFESIONES VERDADERAS

¿Por qué la comunidad es tan importante en el proceso para vivir en libertad? No solo se trata de aprender y crecer juntos; se trata de experimentar juntos la gracia de Dios. Cuando no alcanzamos el estándar santo y perfecto de Dios, cuando pecamos, confesamos nuestras faltas a Dios y recibimos el perdón. Su Palabra nos dice: «Si confesamos nuestros pecados, Dios, que es fiel y justo, nos los perdonará y nos limpiará de toda maldad» (1 Juan 1:9).

Solo Dios puede perdonar nuestros pecados, pero la confesión nos descarga de ellos. Eso no nos garantiza que no volveremos a fallar. De hecho, abandonados a nuestros propios métodos, todos fallaremos vez tras vez; pero Dios proveyó una solución, un sistema que se basa en nuestra identidad como seres relacionales. Él dijo: «Por eso, confiésense unos a otros sus pecados, y oren unos por otros, para que sean sanados» (Santiago 5:16).

Confesamos nuestros pecados no solo a Dios, sino también unos a otros. Este sistema brinda un soporte espiritual al orar unos por otros y ayudarnos unos a otros, lo cual facilita la sanidad. Quiero que veas la imagen completa: Nos acercamos a Dios para recibir perdón, y nos acercamos al pueblo de Dios para recibir sanidad.

Rodearnos de las personas correctas es uno de los pasos más importantes en nuestro camino espiritual. Cuando desarrollamos relaciones, nos involucramos en las pruebas y triunfos de los demás y básicamente hacemos la vida juntos, nos ayudamos unos a otros a crecer y desarrollar más músculo espiritual. Comenzamos a confiar unos en otros y a compartir honesta y abiertamente, en lugar de ocultarnos tras las costumbres sociales de cortesía que hemos estado condicionados a mantener.

No te puedo decir cuántas veces he preguntado a alguien de nuestra iglesia cómo está, solo para oírlo contestar automáticamente: «Bien. ¿Cómo estás tú, pastor Chris?» La mayoría de las veces doy la misma respuesta: «Estoy bien. ¡Qué bueno verte!». Sé que no podemos parar y tener una plática de corazón a corazón con cada vecino, compañero de trabajo, amigo o miembro de la iglesia que nos encontremos. Ni sería apropiado compartir con cualquiera nuestras batallas más profundas y nuestras preocupaciones más grandes. Sin embargo, si esperamos caminar en la libertad plena y la sanidad a la que Dios nos ha llamado, ciertamente necesitamos el apoyo de una comunidad de creyentes que esté caminando en la misma dirección, la dirección de Dios.

Porque todos enfrentamos momentos en los que no sabemos cómo seguir adelante.

Cuando nuestra fe está estirada hasta el límite.

Cuando necesitamos el apoyo amoroso de otros para sacarnos adelante.

LEÑA EN EL FUEGO

Todos han sido moldeados por sus relaciones. Te des cuenta o no, eres la suma total de todas las relaciones clave que has tenido hasta este momento, razón más que suficiente para poner mucha atención en los amigos que escoges. De acuerdo a la Biblia: «Como el rostro en el agua es reflejo del rostro, así el hombre se refleja en el corazón del hombre.» (Proverbios 27:19 RVR1995). Estás en donde estás debido a tus relaciones.

Piensa en tu vida en estos momentos, en tus esperanzas y sueños, tus alegrías y logros; también en tus decepciones y luchas, tus temores y frustraciones. Ahora considera la forma en que tus relaciones clave te están influenciando; me refiero a las personas con las que pasas el mayor tiempo y te esfuerzas más por conocer. Algunas cosas son muy obvias mientras otras parecen ser complejas y requieren de mayor reflexión; pero sin duda alguna, tus relaciones juegan un papel en algunas de las decisiones más importantes que tomarás en la vida. Al pensar en las relaciones que tienes, te animo a tomar cuatro decisiones cruciales.

1. ENFÓCATE EN CULTIVAR LAS RELACIONES QUE SON MÁS IMPORTANTES PARA TI.

Para muchas personas, eso significa cónyuges, hijos y otras personas amadas. Siempre estoy conmovido por el número de personas que piden oración por problemas en su matrimonio a través de nuestras tarjetas de oración de la iglesia. Ocasionalmente, se me pide aconsejar parejas que sienten que su matrimonio está roto. En estas situaciones, con frecuencia lo primero que les digo es que tienen un mejor matrimonio del que piensan tener, de otra forma, no se molestarían en tratar de mejorarlo viniendo a verme o pidiendo oración.

Sin embargo, típicamente uno o ambos individuos, dice: «No, este matrimonio es terrible pastor. El fuego se ha extinguido. No hay nada que quede aquí. Está tan roto que no se puede reparar».

Yo les contesto: «El hecho que el fuego se haya extinguido, no significa que no pueda prenderse otra vez. ¡No culpes a la chimenea solo porque tú tengas frío! Para que funcione la chimenea le tienes que poner leña continuamente». Los buenos matrimonios, y las relaciones fuertes de cualquier tipo, requieren de alimento y mantenimiento. Tu matrimonio es tan bueno como quieres que sea... francamente.

Muchas personas se quejan sobre la calidad de sus relaciones más importantes, sin embargo, hacen muy poco para nutrirlas. Se olvidan de invertirles tiempo, atención y energía, y luego se extrañan de que sus necesidades no estén siendo satisfechas por la otra persona. Tu cónyuge necesita saber que es tu relación más importante después de Dios. Tus hijos necesitan saber que los amas, aunque no siempre te guste lo que hagan o cómo lo hagan.

Si tus relaciones no están al nivel que quieres que estén, haz la prueba y aliméntalas. No puedes crecer en tu fe caminando solo. Necesitas el amor, el apoyo, la responsabilidad y transparencia que vienen de una comunidad cristiana.

2. DECIDE RESTAURAR LAS RELACIONES ROTAS DE TU VIDA.

Todos tenemos relaciones que han sido malas, algunas veces debido a nuestra culpa y otras por culpa de la otra persona; usualmente una relación rota es el resultado de dos personas pecadoras lastimándose mutuamente. Con frecuencia, tu orgullo y ego rehúsan ceder, después de todo, fue tu hermana la que dijo todas esas cosas de ti, entonces ¿por qué debes perdonarla cuando ella ni siquiera se hace responsable de sus ofensas? Sin embargo, aquí hay algo sobre lo que hay que reflexionar: El dolor por un conflicto no resuelto es mayor que el dolor que se requiere para resolverlo.

El antiguo dicho es verdadero. Cuando retienes una ofensa y no perdonas a alguien, te envenenas a ti mismo, no a la otra persona. El mejor regalo que te puedas dar es perdonar a cualquier persona que te haya herido. No puedes forzar a nadie a disculparse contigo, a pedirte perdón o a arrepentirse, pero puedes controlar como responda tu corazón delante del Señor. La Biblia lo dice muy claramente: «No paguen a nadie mal por mal... si es posible, y en cuanto dependa de ustedes, vivan en paz con todos» (Romanos 12:17-18).

Si no te es posible hablar con la persona cara a cara –quizá no quiera hablar contigo, o viva a mil kilómetros de ti, o tal vez incluso ya haya fallecido– aun así, puedes decidir perdonarlos en tu corazón. Tu corazón debe reflejar el corazón de Dios, que no mantiene ningún registro de nuestras ofensas (Salmos 130:3-4).

Cuando decides perdonar a alguien, por favor nota que sigo insistiendo en *decides,* lo cual significa que lo haces aun cuando no sientas hacerlo, entonces no retienes nada en contra de nadie; pasas el asunto a Dios y ya no tienes que seguir preocupándote por él. Soltar se hace más fácil cuando consideras todo lo que Dios te ha perdonado a ti. La Biblia nos recuerda que hay una relación directa entre estas dos cosas: «De modo que se toleren unos a otros y se perdonen si alguno tiene queja contra otro. Así como el Señor los perdonó, perdonen también ustedes» (Colosenses 3:13).

En el modelo del Padre Nuestro, Jesús nos dice que elijamos perdonar recordando cuánto se nos ha perdonado. Perdonar es uno de los hábitos más sanos que podemos practicar al hacernos parte de una comunidad y afianzar nuestra fe. Cuando perdonamos a los demás y pedimos perdón a quienes hemos ofendido, nos libramos a nosotros mismos de amargura, resentimiento y venganza.

3. ENTIENDE CUÁNDO ALEJARTE.

No importa qué tanto o qué tan frecuentemente hayas perdonado a alguien, algunas veces debes romper con la relación. El hecho que hayas perdonado no significa que debas continuar teniendo interacción. Algunas relaciones son tan dañinas y tóxicas que debes alejarte de ellas y mantener límites firmes. De otra manera, la persona continuará lastimándote y socavará tu fe.

Para ser muy claro, no estoy hablando de divorciarse de un cónyuge basado en alegatos no bíblicos. No tergiverses esta práctica en algo que te convenga que no refleje lo que Dios quiere. Solo porque alguien te frustre o haga que tu vida sea incómoda no significa que debas alejarte.

No, te estoy hablando de relaciones dañinas. Aquellas que golpean fuertemente tu corazón, tu alma, tu mente y tu cuerpo, con abuso, estrés, dolor y engaño constante. Algunas veces tal vez decidas no romper con la relación, pero al menos puedes redefinirla.

Hacer una evaluación de tus amistades es crítico para tu crecimiento y bienestar espiritual. Muéstrame a tus amigos, y te mostraré tu futuro. «El que con sabios anda, sabio se vuelve; el que con necios se junta, saldrá mal parado» (Proverbios 13:20).

Algunas personas están involucradas en relaciones no santas, como cohabitar fuera del matrimonio, y luego se preguntan por qué no están creciendo espiritualmente. Algunos continúan pasando tiempo con amigos que están alejados de Dios a quienes les gusta beber e irse de parranda, porque tienen temor de alejarse y cultivar nuevas relaciones con otros creyentes. Quieren seguir perteneciendo al viejo grupo, aunque saben que la forma en que se comporta no es conveniente para ellos. La Biblia dice: «No se dejen engañar: Las malas compañías corrompen las buenas costumbres» (1 Corintios 15:33).

¿Cómo puedes saber de cuáles relaciones alejarte? Realmente es sencillo. Si una relación estorba tu relación con Dios, entonces necesitas redefinirla o romper con ella.

4. ARRIÉSGATE A SER AUTÉNTICO.

Toma el riesgo de iniciar algunas relaciones significativas. Probablemente la mejor manera de practicar este hábito sea cultivando algunas de las relaciones y amistades que ya tienes, quizá con personas de tu grupo pequeño, un amigo de confianza del grupo de estudio bíblico o un compañero de oración de tu antiguo vecindario.

Ora por la oportunidad correcta de hallar tiempo para estar juntos, en persona, cuando no estés apresurado o pegado a tu teléfono. Luego comparte lo que esté sucediendo en tu corazón, tus preocupaciones, temores y agobios, y pídele a la persona que ore por ti. Invítala a tener la misma transparencia contigo. Conversen sobre formas en las que puedan animarse mutuamente durante la semana o hasta que puedan reunirse y orar juntos en persona. Algunas veces un texto, un correo electrónico o una llamada de un amigo confiable te puede recordar del poder de Dios para salir adelante en un día difícil.

No obstante, debes darte cuenta de que todo el infierno tratará de pararte. El enemigo no quiere que desarrolles relaciones fuertes y significativas que te acerquen a

Dios y afiancen tu fe. Espera que tus intentos por conectarte con otros sean difíciles en ciertos momentos. Podrías pensar que es más fácil ni siquiera tratar. Sin embargo, recuerda lo que dice la Palabra de Dios: «No dejemos de congregarnos, como acostumbran hacerlo algunos, sino animémonos unos a otros, y con mayor razón ahora que vemos que aquel día se acerca» (Hebreos 10:25).

En nuestro mundo de redes sociales actualizadas con nuestra última compra o nuestras siguientes vacaciones, permitir que alguien entre al desorden de tu vida puede ser intimidante. No obstante, estoy convencido de que si eres auténtico, vas a tener amigos auténticos.

No te preocupes de lo que piensen de ti los demás, ni dejes que tus temores te impidan ser abierto y honesto. Has usado la máscara demasiado tiempo. Todos nos estamos recuperando de algo que nos ha cambiado, todos mostraremos algunas cortadas y raspones cuando nuestros muros se caigan, pero el saber que no eres el único, que otros también están luchando con las mismas cosas y sentimientos, puede sentirse excepcionalmente liberador.

Si estás dispuesto a ser auténtico con los demás, pudiera sorprenderte lo que descubrirás:

Amigos que se acerquen cuando los demás se alejen.
Amigos que no traigan a colación tus errores sino te ayuden a superarlos.
Amigos que te necesiten tanto como tú los necesitas a ellos.

ÁREAS RELACIONALES

Si no estás seguro de cómo cultivar relaciones más significativas, permíteme animarte a considerar tres áreas donde puedes practicar.

LA IGLESIA

La primera área es sencillamente la comunidad de la iglesia. Necesitas tener una iglesia a la que consideres como tu casa. Una iglesia que pueda apoyarte en tu fe y te dé oportunidades de servir a los demás con los dones que Dios te ha dado. No estoy para decirte qué tipo de iglesia debes buscar, deja que el Espíritu Santo te guíe; solo te digo que necesitas ser parte de una familia de creyentes. Como Pablo nos recuerda: «Ahora forman parte de su pueblo... ahora son de la familia de Dios» (Efesios 2:19 TLA).

En *Church of the Highlands,* la iglesia que pastoreo, tenemos muchos miembros, personas que asisten regularmente y visitantes. Damos la bienvenida a todos, pero generalmente recomiendo a quienes asisten que lo hagan por un tiempo breve antes de comprometerse, o bien, que sigan buscando una iglesia en donde se puedan comprometer. Te animo a hacer lo mismo, no hay un tiempo previsto para asistir a una iglesia antes de comprometerte a ser miembro; esto tiene que ver más con tu actitud en relación con tu iglesia.

Es fácil solo asistir a la iglesia, disfrutar de la reunión y el compañerismo semana tras semana. Sin embargo, ser miembro involucra privilegios y responsabilidades que un asistente regular no tendrá. Ser miembro requiere compromiso: *Yo te necesito a ti y tú me necesitas a mí, así que comprometámonos a estar juntos como parte de esta familia espiritual.*

Si no me crees, te desafío a comprometerte por un año en la iglesia a la que has estado asistiendo, para que veas la diferencia. El compromiso siempre desarrolla el carácter. Vas a experimentar que tus relaciones dentro de la iglesia son diferentes cuando tú –y los demás– saben que estás comprometido a estar ahí.

Comprometerte con tu iglesia crea oportunidades para cultivar amistades fuertes y profundas con otros que quieren acercarse más a Dios. Vemos este patrón en el principio de la iglesia, como está descrito en el Nuevo Testamento. Los seguidores de Jesús se reunían en la casa de alguno o en un lugar apartado al aire libre y adoraban juntos. Leían la Palabra de Dios y con frecuencia alguien enseñaba o predicaba. Convivían unos con otros, conversando, comiendo y disfrutando del buen ánimo que surge con la convivencia: «Todos los creyentes se reunían en un mismo lugar y compartían todo lo que tenían» (Hechos 2:44 ntv).

Como vemos en este versículo, la clave involucra compartir todos juntos, ser auténticos y reales, y hacer la vida juntos.

UN EQUIPO

Si quieres cultivar relaciones más significativas, entonces otra cosa que puedes hacer es unirte a un equipo de algún tipo. Los equipos requieren que se trabaje junto con otros individuos para producir mayores resultados que los que una persona sola pudiera lograr. Te puede sorprender lo divertido que puede ser servir con un grupo de personas que comparten tu misma pasión o interés específico. Claro, usualmente los equipos realizan trabajo duro, pero hacerlo junto con otros hace una diferencia.

Algunas de las personas más felices y satisfechas que conozco me dicen que su secreto es servir en un equipo; se sienten parte de un grupo que está haciendo una diferencia. Comparten un compromiso con sus compañeros de equipo para llevar a cabo el propósito o el objetivo de este. El saber que están haciendo una diferencia para aquellos que los rodean, así como para quienes están en el mismo equipo, produce un sentido de gozo duradero.

Repito, no te sorprenda si el enemigo socava tus intentos de ser parte de un equipo. Él te mentirá y te dirá que no necesitas a los demás y que estás mejor tú solo. Tratará de convencerte de que es mejor hacer las cosas a tu manera que ceder por el bien del equipo. ¡Pero el diablo está equivocado! La Biblia dice: «Vi a un hombre solitario, sin hijos ni hermanos, y que nunca dejaba de afanarse; ¡jamás le parecían demasiadas sus riquezas!... Más valen dos que uno, porque obtienen más fruto de su esfuerzo» (Eclesiastés 4:8-9).

Nuestro enemigo sabe que con frecuencia la sanidad emocional y espiritual suceden en comunidad, lo cual a su vez mantiene nuestra habilidad para vivir en la libertad que Cristo nos da. Cuando pertenecemos a un grupo de personas con las que podemos ser honestos y vulnerables, crecemos al amarnos, desafiarnos, corregirnos y apoyarnos unos a otros. Podemos recordarnos unos a otros la verdad de Dios para combatir las mentiras que el enemigo trate de usar en contra de nosotros.

DIOS

Finalmente, si quieres una relación más profunda y significativa con otros que lleve a la libertad, cultiva tu relación con Dios. Sé que hemos hablado de esto anteriormente, pero no te enfoques tanto en conectarte con otras personas que descuides tu relación principal. Recuerda, Jesús no solo es tu Señor y Salvador; es tu amigo.

De hecho, Cristo nos mandó en el mismo pasaje amar a Dios con todo nuestro corazón y amar a los demás. Durante su tiempo en la tierra, Jesús dejó muy claro que no podemos amar a Dios sin amar a las personas, y no podemos amar a las personas sin amar a Dios. Ambos son necesarios.

Nos acercamos a Dios para recibir su perdón.

Nos acercamos al pueblo de Dios para recibir sanidad.

TU SIGUIENTE PASO EN EL CAMINO

En el Antiguo Testamento se nos dice que los sacerdotes del templo usaban nombres sobre sus corazones. Sus indumentarias santas incluían un pectoral en el que estaban inscritos los nombres de las tribus de Israel y los varios nombres de Dios. El ritual simbolizaba la forma en que Dios y las personas estaban unidos dentro de los corazones de quienes servían al Señor.

Nosotros no tenemos que utilizar prendas de vestir o pectorales con los nombres de otros escritos literalmente en ellos, pero he encontrado que la mayoría seguimos llevando nombres en nuestros corazones, los nombres de aquellos individuos que nos forjaron, nos amaron, nos fortalecieron y nos ayudaron a crecer en nuestra fe. Uno de los nombres inscritos en mi corazón es el de Billy Hornsby, mi suegro.

Billy fue mucho más que un suegro para mí; fue un mentor, un amigo, un confidente y un hermano en Cristo. Pudiera escribir un libro entero sobre las muchas formas en que Billy vertió su vida en mí y me hizo un mejor hombre y un cristiano más fuerte. Aunque Billy ya partió y ahora está con el Señor, no pasa un día sin que lo extrañe o aprecie la forma en que enriqueció mi vida. Su nombre estará en mi corazón por siempre.

¿El nombre de quién está en tu corazón?

Haz una lista de las personas inscritas en tu corazón. Luego ora unos momentos por cada uno de ellos. Dale gracias a Dios por el gozo, la instrucción y la sabiduría que estos individuos añadieron a tu vida.

CAPÍTULO CINCO

TRANSPARENCIA

LA HONESTIDAD ES LA
MEJOR POLÍTICA

Como padre de cinco hijos, sé una o dos cosas acerca de la honestidad, así como también cómo detectar la *des*honestidad. Cuando nuestros hijos estaban pequeños, Tammy y yo trabajamos duro para enseñarles que no esperábamos que fueran perfectos, pero ciertamente esperábamos que fueran honestos. Por sorprendente que parezca, algunas veces ellos nos recordaban que nos estaban escuchando.

Nunca olvidaré el momento cuando llegué a la casa del trabajo y me encontré en nuestra recámara con las primeras expresiones de lo que podría ser una prometedora carrera de tallador de madera. Aún vivíamos en Luisiana en ese tiempo, era el pastor asociado y parte del equipo de trabajo de mi iglesia. Llegué a casa después de un largo día y estaba ansioso por ir a cambiarme de ropa y ponerme algo más confortable.

Después de tirar mi saco en la cama, me quité la camisa y la colgué en el poste de la cama mientras terminaba de cambiarme. Solo que, el poste de la cama parecía las sobras del almuerzo de un pájaro carpintero. Nuestra hermosa cama de madera sólida con su cabecera, su pie de cama y sus cuatro postes torneados estilo antiguo parecía la víctima de una golpiza callejera. Hondos resaques en la obscura madera de nogal competían con prolongadas cuchilladas hechas al azar en el poste de la esquina junto a mí. Pedazos de madera y aserrín estaban esparcidos sobre el edredón y el piso alrededor de la esquina de la cama.

Mi presión sanguínea inmediatamente subió varios dígitos mientras gritaba: «¡Increíble! ¿Quién hizo esto?» Dándome cuenta de que nadie me había oído, terminé de cambiarme, tomé mi silbato, y me paré en la estancia. Como el capitán Von Trapp en *La Novicia Rebelde*, hice la llamada de «todos vengan», cinco silbidos cortos que significaban que todos debían parar lo que estuvieran haciendo para agruparse inmediatamente. Los niños salieron de los otros cuartos de nuestra casa y se pusieron en línea frente a mí, con curiosidad por saber qué es lo que estaba sucediendo.

Conociendo a mis hijos, es asombroso lo rápido que surgieron sus pequeñas y distintas personalidades, tenía buena idea de quién era el culpable. Nuestro hijo David, que en ese tiempo probablemente tendría alrededor de siete años. David había sido muy inquieto desde el momento en que empezó a gatear, siempre metiéndose entre las cosas, empujando los límites, viendo hasta dónde podía salirse con la suya, haciendo cosas que sabía que no debía hacer, solo para ver qué pasaría. Él ya había comprobado ser el niño que mantendría a sus padres de rodillas. Este crimen tenía sus huellas digitales por todos lados.

«Alguien talló el poste de la cama en la recámara de mamá y papá» dije con toda calma, pero salpicado con un poco de enojo y autoridad. «¿Alguien sabe quién hizo esto? Tengo una buena idea de quién fue, así que mejor díganmelo de una vez». Fijé mis ojos en David mientras él me miraba en forma desafiante. Los demás niños se quedaron sin aliento y mi hija parecía que iba a llorar.

Jonathan, que tenía alrededor de cinco años en ese tiempo, levantó la mano y sonrió tímidamente. «Yo sé papi», dijo. «¡Yo lo hice!».

En ese instante podrías haber escuchado hasta el sonido de un alfiler caer al suelo.

De todos mis hijos, Jonathan sería el menos capaz de hacer algo como eso. Es nuestro cuarto hijo y el tercer varón y se le ha descrito como el más amable de los Hodges. Jonathan tiene un corazón cálido. Tiene un buen trato y es gentil en la forma que aborda el mundo. Me quedé estupefacto al visualizarlo dirigiéndose al poste de la cama como lo haría el asesino de *Psicosis*, Norman Bates, al ir a una cortina de regadera.

«¿*Tú* tallaste el poste de nuestra cama, Jonathan?» pregunté. Él asintió vigorosamente y siguió sonriendo con un brillo travieso en sus ojos.

«¿Por qué harías eso, hijito?».

Él se encogió de hombros y dijo: «No sé».

Su inmediata transparencia me desarmó totalmente. Tuve que contener una sonrisa, al darme cuenta de su inocente alegría al admitir que él lo había hecho. Esta no era la forma en que esperaba que se desenvolvería el asunto. Despedí a los niños y le dije a Jonathan que su madre y yo le diríamos después de la cena cuál sería su castigo. Para la hora de acostarnos, había decidido no disciplinarlo como recompensa a su sinceridad. La honestidad de Jonathan fue inesperada, agraciada y me desarmó. Debido a que fue tan honesto, quise perdonarlo de inmediato.

También adquirí una nueva comprensión de por qué Dios nos pide ser honestos con él.

Dios no espera perfección.

Solo quiere honestidad.

PROBLEMAS EN EL PARAÍSO

Desde el principio, Dios ha pedido honestidad, no perfección. Supongo que al principio fue fácil para Adán y Eva ser honestos con Dios, porque aún no lo habían desobedecido. No tenían secretos ni agendas escondidas, solo transparencia total uno con el otro y con Dios. Sin embargo, después de comer el fruto del árbol del conocimiento del bien y el mal, ellos inmediatamente quisieron cubrir su vergüenza, ambos lo hicieron literalmente con hojas de higuera, y en sentido figurado cuando se escondieron de Dios.

Adán y Eva, claro está, no son los únicos que trataron de esconderse de Dios y cubrir su pecado. Después de que David cometió adulterio al acostarse con Betsabé, trató de cubrirlo al mandar matar a su esposo. Finalmente, con la ayuda del profeta de Dios, Natán, David entró en razón, confesó sus pecados y se arrepintió delante de Dios. Expresando su corazón arrepentido en Salmos 51, David observa: «Pues soy pecador de nacimiento, así es, desde el momento en que me concibió mi madre. Pero tú deseas honradez desde el vientre y aun allí me enseñas sabiduría» (Salmos 51:5-6 NTV).

Otra versión de las Escrituras traduce «honradez desde el vientre» como «verdad en lo íntimo» (Salmos 51:6 NBV) para enfatizar esta verdad. No importa cómo lo expresemos, el requerimiento es el mismo: Dios requiere completa y total apertura y honestidad de parte de sus hijos. Él sabe que debido a que nos ha dado libre albedrío para escoger, podemos elegir no solo lo que hacemos, sino también qué, a quién y cómo hablamos acerca de lo que hemos hecho. Debido a que es un Dios Santo de completa y absoluta verdad, él desea y requiere la verdad de nosotros.

Con nuestra naturaleza pecaminosa activada por Adán y Eva en el huerto de Edén, todos tendemos a crear nuestras propias hojas de higuera para cubrir nuestros errores e indiscreciones. No queremos enfrentar la verdad con respecto a lo que hemos hecho y el impacto que nuestro egoísmo ha tenido en los demás. No queremos responsabilizarnos de las consecuencias de nuestras acciones o enfrentar el castigo que viene con la desobediencia. Es mucho más fácil escondernos –de nosotros mismos, de los demás, de Dios– y negarnos a enfrentarnos con la verdad.

Sin embargo, si queremos vivir en la plenitud de la libertad de Dios, debemos comprometernos a vivir en la verdad. Jesús les dijo a sus seguidores: «Si se mantienen fieles a mis enseñanzas, serán realmente mis discípulos; y conocerán la verdad, y la verdad los hará libres» (Juan 8:31-32). Enfrentar la verdad no siempre es fácil y cómodo, pero es la única manera de acercarte más a Dios y madurar en tu fe. Como dijo Jesús, es la única manera de ser libre.

En nuestra iglesia nos gusta decir que en la medida que mantengas secretos, estás enfermo. Puede ser cualquier cosa que estés escondiendo, de lo que estés huyendo o lo que estés negando –una adicción, un error de tu pasado, una batalla con el chisme, compras compulsivas o apuestas– cualquier hábito destructivo que consuma tu tiempo, tu energía y tu atención, y te aleje de Dios. Probablemente sientas una profunda vergüenza. Probablemente haya cosas que lamentes. Tal vez te sientes atrapado e inseguro de cómo puedes soltarte.

Sin embargo, la respuesta realmente es simple.

Enfrenta la verdad.

Di la verdad.

Acepta la verdad de Dios.

ENTERRANDO LA VERDAD

El rey David tenía secretos, ciertamente su amorío con Betsabé fue uno muy grande, pero David también tenía una increíble relación íntima con Dios. Estoy fascinado de lo misericordioso que fue Dios con él, mostrándole indiscutiblemente más gracia al pastor convertido en rey que a otros personajes de las Escrituras. ¿Cuál era el secreto de David? ¿Qué fue lo que hizo que le gustó tanto a Dios? ¿Por qué Dios llamó a David: «Un hombre conforme a mi corazón»? (Hechos 13:22).

He aquí mi teoría: la relación de David con Dios era profunda e íntima porque él era honesto, transparente y rápido para arrepentirse. Si regresamos al salmo que escribió después de su pecado con Betsabé, vemos claramente que es una oración de arrepentimiento. Comienza pidiéndole simplemente a Dios que tenga misericordia de él, reconociendo abiertamente su pecado, no solo su adulterio sino su naturaleza desde su nacimiento, además de su conciencia de que Dios desea la verdad (Salmos 51:6).

Muchas personas no encuentran la libertad porque se empeñan en ocultar la verdad. Hacen todo lo posible por esconderse de ella porque es tan incómoda, tan dolorosa y tan humillante que no la quieren enfrentar. En lugar de reconocer la verdad delante de Dios, deciden tratar sus equivocaciones pasadas, sus problemas presentes y dificultades secretas ellos mismos.

¿Alguna vez te has encontrado a ti mismo yendo por este camino? Colocas tu pecado en una caja, lo cierras con llave y lo entierras en el hueco más recóndito de tu corazón; o lo barres debajo del tapete, luchando constantemente para evitar que salga otra vez. Puedes tratar de enterrarlo, pero hay un problema: no se queda enterrado. Es como tratar de mantener una pelota de playa bajo la superficie del agua. Puede ser invisible momentáneamente, puede mantenerse bajo el agua por poco tiempo, pero luego sale disparada hacia la superficie otra vez para que todos la vean.

¿Cómo se manifiesta esto en nuestra vida diaria? Es cuando minimizamos una verdad desagradable y nos decimos a nosotros mismos: «No es gran cosa. No es tan malo». Claro está, si eso fuera verdad, ¿por qué nos sigue molestando? ¿Por qué permanece en nuestra mente?

O es cuando racionalizamos la verdad con respecto a nuestros errores pecaminosos. «Nadie es perfecto. Esto no es tan malo como lo que otros han hecho». Aunque pudiera ser verdad, siempre podemos hallar a alguien que haya tomado mejores o peores decisiones que nosotros; esto no nos libera. La justificación que damos a nuestras malas elecciones nada más se convierte en una cortina de humo temporal.

También podría ser cuando enterramos la verdad al poner en peligro nuestro estándar. «Si te sientes mal por lo que hiciste ayer, solo baja tus estándares», lo cual nos lleva a: «Soy una mala persona, y así es como son las cosas». Al bajar las expectativas para nuestra vida y nuestro futuro, muy pronto nos volvemos cínicos y duros de corazón. Esta actitud de amargura causará que nos estemos flagelando a nosotros mismos. Comenzaremos a vivir en la tierra del lamento, siempre mirando por el espejo retrovisor de nuestra vida, perdiéndonos del momento presente y de todo lo que Dios tiene para nosotros. Ya sea consciente o inconscientemente, nos castigamos a nosotros mismos, nos condenamos y nos sentimos aún peor. «Nadie me amará si saben quién soy verdaderamente y lo que he hecho. No hay manera de que nadie pueda perdonarme».

A pesar de lo rápido que usualmente se arrepentía, David también se metió en caminos sin salida una o dos veces. En otro salmo, él escribió: «Mis maldades me abruman, son una carga demasiado pesada. Por causa de mi insensatez mis llagas hieden y supuran…Me siento débil,

completamente deshecho; mi corazón gime angustiado»
(Salmos 38:4-5, 8).

El peso de nuestros secretos nos puede aplastar, especialmente si estamos apilando desprecio hacia nuestra propia persona, vergüenza y condenación. Algunas veces esta carga se manifiesta físicamente en forma de enfermedad o condiciones crónicas. Por ejemplo, sospecho que la depresión en ciertas situaciones puede ser una manera de castigarnos a nosotros mismos. Pecamos de alguna forma y escondemos la verdad, lo cual nos lleva a esperar lo peor y sentir que eso es lo que merecemos. Nos posicionamos para fracasar, creando una «autoprofecía» cumplida. «No merezco salir adelante», nos decimos.

Aunque algunas veces, en lugar de interiorizar la verdad de nuestros errores pecaminosos, lo que hacemos es culpar a los demás. Esta es una táctica bien conocida de mucho tiempo atrás. De hecho, ¡esta estrategia es tan vieja como la creación! Regresando a Adán y Eva, los vemos culpándose uno al otro, además de ser los primeros en precisar: «¡El diablo me hizo hacerlo!». Eva le dijo a Dios: «La serpiente me engañó, y comí» (Génesis 3:13). En otras palabras: «¡No es mi culpa!».

Ya sea que lo admitamos o no, a todos nos gusta culpar a los demás, incluyéndome a mí. Culpamos a los demás y nos excusamos a nosotros mismos. Somos víctimas de las circunstancias que están fuera de nuestro control. Pasamos la pelota a otros y caemos en una mentalidad de víctima, lo cual con frecuencia nos hunde más en negación, y nos aleja de la verdad y la libertad que Dios desea para nosotros.

MIRA POR LA VENTANA

Hay una mejor forma de manejar la verdad en cuanto a nuestras debilidades, equivocaciones y decisiones pecaminosas. El remedio es sencillo pero desafiante. Si quieres vivir en la libertad de la verdad, debemos practicar una honestidad brutal. Hacemos esto cuando compartimos nuestro yo auténtico con los demás. Este tipo de autenticidad lleva tanto a una relación personal más profunda con Dios –conforme crecemos en tener conciencia de su gracia en nuestra vida– como a relaciones más profundas con quienes nos rodean cuando ven reflejado en nosotros el poder transformador del Espíritu Santo. Desarrollar transparencia total y una intimidad sana requiere de práctica.

Uno de los mejores recursos que conozco, y que usamos en nuestra iglesia con frecuencia, es una técnica llamada *La ventana de Johari*, desarrollada por los psicólogos Joseph Luft y Harrington Ingham en 1955. Este ejercicio nos ayuda a entendernos a nosotros mismos y a los demás con mayor claridad. En él, vemos cuatro áreas o cuadrantes de conocimiento: lo que tú y los demás saben; lo que tú sabes, pero ellos no; lo que ellos saben, pero tú no sabes; y lo que ninguno puede saber. Demos un vistazo rápido a cada área.

EL PRIMER CUADRANTE DE LA VENTANA DE JOHARI, COMÚNMENTE LLAMADO LA ARENA, REFLEJA EL CONOCIMIENTO QUE TODOS TENEMOS.

Este es el «tú» público, el que los demás ven en tu vida cotidiana. Puede ser tentador cultivar cierta imagen, y con las redes sociales esta tentación es más grande que nunca. Claro, tú quieres que los demás sepan de tus últimos logros o de los lugares grandiosos donde pasarás tus próximas vacaciones. No hay nada de malo con querer compartir los aspectos más positivos y públicamente loables de quien eres; el problema es cuando esta versión superficial es la única dimensión de ti que las personas podrán conocer.

EL SEGUNDO CUADRANTE DE LA VENTANA ES LO QUE NOSOTROS SABEMOS, PERO LOS DEMÁS NO.

Este cuadrante revela la tensión entre la forma en que nos ven los demás (y la forma en que pensamos que nos ven) y la forma en que nos vemos a nosotros mismos. Todos usamos máscaras, con frecuencia para convertirnos en quienes pensamos que los que nos rodean quieren o necesitan que seamos. Otras veces nos ponemos las máscaras que pensamos que nos ayudarán a obtener lo que queremos de los demás.

Sin embargo, el problema con las máscaras es que cuando las usamos por periodos largos, olvidamos quienes somos realmente sin ellas. Las máscaras nos ayudan a aferrarnos a la negación y pretender que todo está bien, cuando en el fondo sabemos que no lo está. Todos tenemos secretos, pero estás en problemas si tú eres el único que los conoce. Repito, en la medida que mantengas secretos, siempre estarás enfermo.

Una de las mentiras más destructivas que el enemigo susurra a nuestros corazones es que no debemos permitir que los demás vean quiénes somos realmente. Así que construimos murallas y elaboramos sistemas de defensa para aparentar como creemos que debemos ser, y escondemos al verdadero yo en nuestro interior. Al vivir en este tipo de confinamiento solitario no solo estamos solos, sino también mata nuestro corazón. Todos anhelamos ser vistos y conocidos por los demás. Si queremos relaciones más profundas y transformadoras con los demás, entonces la transparencia y la honestidad son esenciales.

EL TERCER CUADRANTE DE LA VENTANA ES LO QUE OTROS SABEN DE NOSOTROS MISMOS QUE NOSOTROS NO SABEMOS.

Para superar tus limitaciones y debilidades, necesitas personas de confianza dispuestas a decirte lo que ven que tú no puedes ver. Todos tenemos puntos ciegos. Es como oler a sudor o tener una espinaca en los dientes, ¡todos se dan cuenta menos tú! Encuentras esta falta de autoconciencia en muchas y variadas formas, incluso en el mundo del entretenimiento.

Piensa en todas esas personas que van a una audición para un programa como *American Idol*, que literalmente –como decía mi abuelo– no le atinan ni a una nota. Suenan terrible, pero aparentemente no se dan cuenta. Ellos creen que son la siguiente gran súper estrella del pop. Cuando los jueces revientan su burbuja al decirles la verdad, lo menos que puedo decir es que resulta doloroso. No solo se dan cuenta de que no pueden cantar, también se dan cuenta de que no tienen amigos verdaderos. ¡Porque si los tuvieran, esos amigos no los hubieran dejado ir a ninguna audición en TV nacional!

Lo mismo nos sucede a ti y a mí. No podemos ver nuestros puntos ciegos. Es por eso que no podemos ser el único par de ojos en los que confiemos para obtener una buena perspectiva. De hecho, cuando estamos pasando por un tiempo difícil, nuestro punto de vista puede estar tan distorsionado por las circunstancias que no podremos ver con objetividad. En estas situaciones, ¡somos las últimas personas con un criterio confiable! Después de todo, la Biblia nos dice: «Nada hay tan engañoso como el corazón. No tiene remedio» (Jeremías 17:9).

La verdad es que con frecuencia no podemos ver las cosas como realmente son; vemos las cosas como somos *nosotros*. Necesitamos ojos de amor que nos digan lo que no estamos viendo. Una razón más para asegurarnos de recibir la información de nuestros puntos ciegos de personas que amamos y en las que confiamos. La Escritura nos recuerda: «Más confiable es el amigo que hiere que el enemigo que besa» (Proverbios 27:6).

Dales permiso a algunas personas de confianza de hablarte de tus puntos ciegos. Sé esa clase de amigo para ellos también.

EL CUARTO CUADRANTE DE LA VENTANA ES LO QUE NO SABEMOS NOSOTROS NI LOS DEMÁS.

Hay cosas que yo no sé y que tú no sabes, solo Dios las sabe. En consecuencia, creamos un lazo al descubrir juntos lo que Dios quiere revelarnos, conforme vamos dando pasos de fe y nos extendemos hacia el futuro. Dios diseñó la intimidad para ser experimentada y no solamente basada en conocimiento compartido. Cada uno contribuimos de manera única a nuestro crecimiento juntos en el cuerpo de Cristo. «Él hace que todo el cuerpo encaje perfectamente. Y cada parte, al cumplir con su función específica, ayuda a que las demás se desarrollen» (Efesios 4:16 NTV).

La ventana de Johari nos proporciona una manera concisa y efectiva de evaluar nuestras relaciones con los demás. No hay nada especial ni sobrenatural en ella. Usarla simplemente como un recurso puede recordarnos algunas verdades importantes en cuanto a la forma en que nos relacionamos con los demás. Lo más importante es que necesitamos escarbar más allá de la superficie. Esto significa que vamos a necesitar compartir lo que frecuentemente nos asusta que otros sepan. Necesitamos escuchar a individuos de confianza que ven lo que nosotros no podemos ver en nosotros mismos, y necesitamos estar abiertos a aprender juntos para maximizar el poder de la honestidad en nuestra vida.

Nunca podrás conocer cuál es todo tu potencial hasta que te conectes con otros a un nivel profundo y honesto. No puedes conectarte sin intimar. *Nosotros* siempre es mejor que *yo*.

TU SIGUIENTE PASO EN EL CAMINO

No importa dónde estés, da el siguiente paso para vivir en libertad invirtiendo tiempo extra y atención en relaciones con personas que compartan tus valores, te amen y amen a Dios. Pueden ser de tu grupo pequeño de la iglesia, tu vecindario, tu edificio de apartamentos o tu programa de «Día de salida de las mamás». Sé honesto con ellos y pídeles tener una relación de rendición de cuentas mutua para fortalecer la responsabilidad. Diles que necesitas de su ayuda para poder crecer.

Yo sé de primera mano lo poderoso que puede ser tener este tipo de honestidad en una relación. Puede que recuerdes que la oración es algo con lo que lucho algunas veces. Durante un tiempo particularmente árido, tuve cerca a uno de mis amigos más allegados, que también era pastor, con él me junté cada mañana por tres semanas. Cada día a las seis de la mañana, nos reuníamos y luego nos metíamos en cuartos separados a orar por una hora. Saber que tenía que estar con él, y que él también estaba orando mientras yo oraba, hizo una gran diferencia. Él vino a mi lado y me ayudó a convertirme en un guerrero fuerte de oración.

Como nos dice la Biblia, dos son mejores que uno, especialmente si la otra persona sabe lo que realmente estás enfrentando. Si quieres vivir en libertad, comparte la verdad con otros y escucha cuando ellos compartan la verdad contigo.

CAPÍTULO SEIS

EL ESPÍRITU SANTO

UN ALIENTO DE AIRE FRESCO

Para cuando cumplí quince años, me había alejado de Dios.

Luego, como había mencionado antes, un amigo me invitó a una reunión de jóvenes en su iglesia. La diferencia entre su iglesia y a lo que yo estaba acostumbrado a experimentar los domingos, no podría haber sido más clara. Todos en la reunión parecían genuinamente felices y emocionados de estar ahí, alabando a Dios y adorando juntos. La enseñanza no era una lista de cosas que debía o no hacer, sino una aplicación de la Biblia que parecía relevante a mi vida directamente. Los adolescentes y jóvenes adultos estaban tomando nota, escribiendo en sus Biblias, asintiendo con sus cabezas, claramente enganchados en lo que el pastor estaba compartiendo.

¡Nunca había visto algo parecido!

Su experiencia era tan diferente que me preguntaba si era real; y si eso era *realmente* Dios, entonces yo quería conocerlo como ellos lo conocían. Dios no tenía una lista de control para marcar lo que yo estaba haciendo y lo que no; él solo quería *conocerme*. Mi relación con Dios, no mi religión, determinaba dónde pasaría la eternidad. Con esta nueva comprensión, oré e invité a Jesucristo a mi corazón, prometiéndole que le daría el control de todas las áreas de mi vida.

Aunque sabía que ahora tenía una relación personal con el Dios vivo, y aunque entendía y aceptaba que Cristo había muerto en la cruz por mis pecados, no pasó mucho tiempo antes de que me sintiera frustrado otra vez. Algo estaba faltando. Sentí como que me habían dado las llaves de un auto nuevo que no tenía gasolina.

Quizá una parte de mí sabía que lo que faltaba era el Espíritu Santo, pero estaba siendo cauteloso con respecto a soltar su poder en mi vida. De hecho, puedo recordar que oré (cosa que ahora me avergüenza) que el Espíritu Santo pasara desapercibido. No quería ser una de esas personas fuera de control, que gritan, cantan y hablan en lenguas; el tipo de personas que habíamos menospreciado en la iglesia de mi ciudad natal.

A pesar de mis temores defensivos con relación a dar libertad al Espíritu, con el tiempo me encontré visitando un grupo pequeño donde el Espíritu Santo era el tema principal. Aunque fue difícil tamizar cuidadosamente viejos prejuicios y rumores reciclados, decidí aprender la verdad acerca del Espíritu de Dios de una vez por todas. Estaba determinado a rendirme totalmente y dejar que el Espíritu hiciera todo lo que quisiera hacer en mi vida. Quería ser liberado.

Después de abrir mi corazón a él, fui cambiado para bien de forma intensa y dramática. Me convertí en un creyente «con fuego» que quería más de la Palabra de Dios y que tenía que hablar de Jesús con casi toda persona que se encontraba. En lugar de sentirme incómodo y demasiado avergonzado por hablar de mi fe con mis amigos, de repente comencé a tener conversaciones que siempre se dirigían al tema de Cristo.

Lo mejor de todo es que no tenía que fingir o actuar el papel de un buen cristiano. Podía ser yo mismo y dejar que el Espíritu Santo penetrara mi corazón, mi mente y todas las áreas de mi vida. Finalmente, comencé a experimentar la emocionante aventura de vivir por fe. No solo tenía las llaves de un auto nuevo que me habían dado, ¡tenía un tanque lleno que siempre se desbordaba!

CUANDO EL ESPÍRITU SE MUEVE

Después de darle el control de mi vida al Espíritu Santo, crecí espiritualmente a pasos agigantados. Además de leer más mi Biblia y hablarles a mis amigos de Jesús, comencé a guiarlos al Señor. También empecé a dirigir reuniones de oración y estudios bíblicos. Mi temor y timidez habían sido transformados por el poder y la valentía del Espíritu.

Pedro experimentó este mismo tipo de cambio dramático. Él pasó de ser la persona que negó conocer a Jesús –no solo una, sino *tres* veces– a volverse un evangelista, la roca de la iglesia, dispuesto a morir por su fe. ¿Qué hizo esta diferencia? Pedro, como los otros seguidores de Jesús en Pentecostés (Hechos 2), recibieron el don que su Maestro les había prometido, su Espíritu Santo, un consolador y amigo, una fuente de poder y aliento de vida nueva.

No mucho después de que invité al Espíritu Santo a tomar el control de mi vida, fui a un campamento de verano de la iglesia. Junto con varios amigos y varios cientos de otros jóvenes adultos, estaba ahí en el parque estatal *Paul B. Johnson* para disfrutar el campo y acercarme más a Dios. Al principio de la semana, nos reunimos en el anfiteatro al aire libre para escuchar a un miembro del equipo de la iglesia enseñar y predicar. Estaba a punto de

112

concluir cuando de repente me vio a mí directamente y me pidió que subiera al frente con él.

Ahí, él me dijo que el Espíritu Santo le acababa de dar una palabra profética sobre mi vida. «Mira hacia arriba Chris», me dijo. «¿Ves todas esas estrellas sobre nosotros? Algún día tú tendrás un ministerio que alcanzará a más personas que el número de estrellas que puedas contar». Me pidió que extendiera mis manos como un gesto de mi deseo de recibir lo que Dios tenía para mí. Conforme extendía las palmas de mis manos, cada dedo de ambas manos explotó. Esto nunca había pasado antes, y nunca ha pasado desde entonces. ¡Fue como si el Espíritu Santo hubiera puesto un signo de exclamación en esta experiencia!

Varios años después, mientras estaba en Birmingham asistiendo a una conferencia, entré por un café a la librería *Barnes & Noble*, ya que todavía tenía algunos minutos. Parado en el patio abierto sorbiendo mi *latte*, miré fijamente la congestionada carretera interestatal un poco más allá del centro comercial.

¿Ves a todas esas personas conduciendo? El Espíritu me susurró. *Muchos de ellos serán parte de la iglesia que vas a comenzar aquí.*

No me sorprendió entonces, que unos meses después, fundamos *Church of the Highlands* a menos de un tiro de piedra de ese mismo lugar. De manera apropiada, uno de los pilares fundamentales de nuestra iglesia ha sido la dependencia del Espíritu Santo. Había experimentado de primera mano el poder que Dios quiere darnos si es que le dejamos, y yo quería que nuestra iglesia fuera llena del Espíritu y dirigida por el Espíritu. ¡Me gusta decirles a las personas que abrazamos el poder de Dios sin ser raros!

TRES BAUTISMOS

¿Por qué creo que el Espíritu Santo es una parte tan esencial de conocer a Dios y crecer en tu fe? No debido a mi propia experiencia, sino porque lo dice la Palabra de Dios. La Biblia nos dice que hay tres aspectos importantes que experimenta con el Espíritu Santo alguien que acepta a Cristo. Estos tres momentos decisivos son descritos como bautismos. Usualmente pensamos que el bautismo es un evento de una sola vez que involucra agua; la palabra *bautismo* de hecho significa «inmersión». En consecuencia, somos sumergidos de tres diferentes maneras una vez que comenzamos nuestra nueva vida en Cristo.

1. BAUTISMO DE SALVACIÓN

Cuando entregamos nuestro corazón a Jesús, somos bautizados en el cuerpo de Cristo. Somos sumergidos en su familia, la iglesia y nos unimos a nuestros hermanos y hermanas para amar y servir a Dios, tanto individual como colectivamente. Se nos dice: «Por un mismo Espíritu todos fuimos *bautizados en un solo cuerpo*» (1 Corintios 12:13 NBLH, énfasis del autor).

114

Así es como comenzó la iglesia. Este bautismo ocurrió cuando los discípulos de Jesús recibieron al Espíritu Santo, aun antes del día de Pentecostés:

> Al atardecer de aquel primer día de la semana, estando reunidos los discípulos a puerta cerrada por temor a los judíos, entró Jesús y, poniéndose en medio de ellos, los saludó.
>
> «¡La paz sea con ustedes!». Dicho esto, les mostró las manos y el costado. Al ver al Señor, los discípulos se alegraron. «¡La paz sea con ustedes!» repitió Jesús. «Como el Padre me envió a mí, así yo los envío a ustedes». Acto seguido, sopló sobre ellos y les dijo: «*Reciban el Espíritu Santo*» (Juan 20:19-22, énfasis del autor).

Estos discípulos fueron las primeras personas convertidas a lo que ahora concebimos como el cristianismo. Basado en su ejemplo, está claro que recibimos el Espíritu Santo cuando somos salvos. Pero hay más que añadir a esta historia, como lo podemos ver cuando consideramos otros detalles de relatos del mismo incidente en los otros evangelios.

En la versión de Lucas, al principio encontramos una descripción similar: «Todavía estaban ellos hablando acerca de esto, cuando Jesús mismo se puso en medio de ellos y les dijo: Paz a ustedes» (Lucas 24:36). Sin embargo, después, se nos relata algo más que dijo Jesús: «Ahora *voy* a enviarles lo que ha prometido mi Padre;

pero ustedes quédense en la ciudad *hasta que sean revestidos del poder* de lo alto» (verso 49, énfasis del autor). Noten el tiempo futuro aquí, indicando que esto aún no había sucedido.

En Hechos encontramos un relato similar, pero con un sorprendente detalle:

> Después de padecer la muerte, se les presentó dándoles muchas pruebas convincentes de que estaba vivo. Durante cuarenta días se les apareció y les habló acerca del reino de Dios. Una vez, mientras comía con ellos, les ordenó: «No se alejen de Jerusalén, sino esperen la promesa del Padre, de la cual les he hablado: Juan bautizó con agua, pero *dentro de pocos días ustedes serán bautizados con el Espíritu Santo*» (Hechos 1:3-5, énfasis del autor).

¿Puedes ver la distinción? Cuando eres salvo, el Espíritu Santo te bautiza en el cuerpo de Cristo: «Son hijos de Dios mediante la fe en Cristo Jesús, porque todos los que han sido *bautizados en Cristo* se han revestido de Cristo» (Gálatas 3:26-27, énfasis del autor). Pero sigue otro bautismo, una inmersión distinta de la que ocurrió inmediatamente en la salvación.

2. BAUTISMO EN AGUA

Como se describió en el capítulo uno, el bautismo en agua es una declaración pública de un compromiso privado. Esta inmersión es una experiencia física de ser sumergido en agua y luego salir de ella, simbolizando la nueva vida que tenemos en Cristo. Somos sepultados juntamente con él y luego participamos a través de su Espíritu en su resurrección a una nueva vida. El agua nos lava, limpiando nuestros cuerpos, y simbólicamente, nuestro espíritu.

Muchas personas me preguntan si necesitas ser bautizado en agua para ser salvo. La respuesta, claro está, es no. La Palabra de Dios es clara: somos salvados por gracia, no por obras (Efesios 2:8-9). Sin embargo, también la Biblia es clara al decir que aquellos que han sido salvados deben mostrar su nueva identidad simbólicamente: «Los que recibieron su mensaje (de Pedro) fueron bautizados» (Hechos 2:41).

3. BAUTISMO EN EL ESPÍRITU SANTO

De estos tres bautismos, sospecho que este tercero es el que ha sido más malinterpretado y más confuso para las personas. Sin embargo, los tres están claramente mencionados en la Palabra: bautismo de salvación, bautismo en agua y bautismo en el Espíritu Santo. Date cuenta de la forma en que cada uno es mencionado en esta escena que describe la manera en que los discípulos predicaban el Evangelio: «Felipe bajó a una ciudad de Samaria y les anunciaba al Mesías... Pero, cuando *creyeron* a Felipe, que les anunciaba las buenas nuevas del reino de Dios y el nombre de Jesucristo, tanto hombres como mujeres se *bautizaron*» (Hechos 8:5, 12, énfasis del autor).

Primero, las personas que escucharon a Felipe creyeron y luego fueron bautizadas en agua. Sin embargo, este no era el final de la historia porque luego se nos dice: «Cuando los apóstoles que estaban en Jerusalén se enteraron de que los samaritanos habían aceptado la palabra de Dios, les enviaron a Pedro y a Juan. Estos, al llegar, oraron por ellos para que recibieran el Espíritu Santo, porque *el Espíritu aún no había descendido sobre ninguno de ellos*; solamente habían sido bautizados en el nombre del Señor Jesús. Entonces Pedro y Juan les impusieron las manos, y ellos *recibieron el Espíritu Santo*» (versos 14-17, énfasis del autor).

Cada una de estas experiencias tiene un propósito diferente. El bautismo de salvación confirma que nuestros pecados han sido perdonados y que nuestro hogar está en el cielo. El bautismo en agua es una declaración pública de nuestra nueva identidad como hijos de Dios y seguidores de Jesús; el bautismo del Espíritu Santo nos imparte poder espiritual para ministrar y servir a los demás aquí en la tierra.

Estas tres experiencias reflejan la naturaleza misma de la Trinidad: «Porque tres son los que dan testimonio en el cielo: el Padre, el Verbo (Jesucristo), y el Espíritu Santo, y estos tres son uno» (1 Juan 5:7 NBLH). ¿No estás convencido? Entonces considera el verso que sigue de este: «Y tres son los que dan testimonio en la tierra:

el Espíritu, el agua, y la sangre, y los tres concuerdan»
(verso 8 NBLH).

Aun en el Antiguo Testamento hallamos un ejemplo de estas tres experiencias distintas. Antes de entrar
al Lugar Santísimo en el tabernáculo, encontrabas otras
estaciones: un altar, el cual simbolizaba la sangre del
Cordero; una fuente, representando el lavamiento del
agua; y una lámpara de aceite o candelero, mostrando el
poder y la presencia del Espíritu de Dios. Estos tres bautismos reflejan nuestra relación esencial con el Espíritu
Santo. Es a través de este poder que crecemos en fe y
vivimos en la libertad que recibimos cuando invitamos a
Jesús a nuestra vida.

Aunque tenemos al Espíritu Santo en nuestra vida
con los primeros dos bautismos, estaremos perdiendo
una parte excitante y poderosa de la vida cristiana si no
profundizamos experimentando este tercer bautismo en
el Espíritu. Él nos ha empoderado para vivir esta vida
tan efectivamente como sea posible. Dios nos ha diseñado
para vivir una vida llena del Espíritu. Para llevar a cabo
la Gran Comisión, la orden que Jesucristo dio a sus discípulos de compartir las buenas nuevas del Evangelio con
el mundo, necesitamos el Espíritu Santo.

Con el Espíritu morando en nosotros, tenemos poder
sobrenatural. Nos volvemos valientes para testificar a los
demás y podemos llevar a cabo señales y prodigios para
demostrar el poder de Dios. Experimentamos libertad del
poder del pecado sobre nuestras vidas, así como libertad

para adorar con todo nuestro ser. El Espíritu Santo también nos ayuda a maximizar la oración, frecuentemente a través de una lengua celestial al expresar el clamor de nuestro corazón.

EMPODERADO Y EFECTIVO

Suena grandioso, ¿verdad? ¿Cómo es que experimentamos en la práctica el bautismo en el Espíritu Santo? La Escritura nos instruye: «No se emborrachen con vino, que lleva al desenfreno. Al contrario, sean llenos del Espíritu» (Efesios 5:18). Somos llamados a confiar en el Espíritu para que nos llene, pero ¿qué significa esto? ¿Cómo le permitimos llenarnos? Permíteme sugerir cuatro formas prácticas:

1. QUITA TODA BARRERA.

En primer lugar, haz todo lo que esté en tu poder para eliminar todo obstáculo. Ora y confiesa tus pecados. Pídele a Dios que te revele cualquier cosa que obstaculice la obra del Espíritu en tu vida y quítala. Suelta cualquier preocupación doctrinal o teológica, deja eso para tu tiempo de estudio personal, consulta con expertos o conversa con otros creyentes; haz a un lado tu orgullo.

No permitas que tu mente se interponga en el camino de tu corazón. No confíes en tus sentimientos más que en la Palabra de Dios. Dios nos ha prometido el don de su Espíritu si estamos dispuestos a confiar en él: «Arrepiéntase y bautícese cada uno de ustedes en el nombre de Jesucristo para perdón de sus pecados, les contestó Pedro, y recibirán el don del Espíritu Santo. En efecto, la promesa es para ustedes, para sus hijos y para todos los extranjeros, es decir, para todos aquellos a quienes el Señor nuestro Dios quiera llamar» (Hechos 2:38-39).

2. PIDE EL DON DEL ESPÍRITU SANTO.

Jesús dijo que todo lo que tenemos que hacer es pedir, y recibiremos el regalo gratuito de su presencia: «Pues, si ustedes, aun siendo malos, saben dar cosas buenas a sus hijos, ¡cuánto más el Padre celestial dará el Espíritu Santo a quienes se lo pidan!» (Lucas 11:13). ¡Yo diría que el Espíritu Santo es el mejor regalo que cualquiera podría esperar recibir!

Lo lógico a hacer es reconocer y abrir este regalo. Dile al Señor que quieres ser bautizado en el Espíritu Santo. Déjale saber que quieres todos los dones asociados con el Espíritu Santo. ¡Puedes confiar en que cualquier cosa que Dios tenga para ti es buena!

3. RECIBE EL ESPÍRITU SANTO POR FE.

¿Qué significa recibir al Espíritu Santo por fe y por qué se requiere fe? Para decirlo sencillamente: Dios está tratando de darnos cosas más allá de esta realidad terrenal y mortal, dones sobrenaturales de poder, percepción y provisión. Estos regalos pudieran parecer una tontería a nuestras mentes humanas naturales, pero debemos recordar que los caminos de Dios no son los nuestros. Sus caminos tal vez no encajen en nuestra visión lógica, secuencial y ordenada de como funciona la vida.

La mayoría de nosotros preferiríamos tener el control de nuestra vida, o al menos tener la ilusión de que tener ese control es posible. Por lo tanto, nuestras mentes naturales pueden resistir nuestros intentos de recibir el Espíritu por fe y de caminar por fe diariamente. Esto quiere decir que vamos a tener que asumir algunos riesgos y salirnos de nuestra zona de confort. Debemos confiar en que en Dios somos más capaces de lo que somos por nosotros mismos. No sé tú, ¡pero yo no quiero detener un encuentro divino y quedarme satisfecho con lo que ya sé!

Deja de vivir con tanta cautela, de forma tan calculada y predecible y permite que el Espíritu te guíe por fe a territorio desconocido; pero ten cuidado, porque el Espíritu Santo con gusto te sacará de tu zona de confort. Tal vez te sentirás impulsado a hablar con alguien sobre tu fe, o a pagar la cena de alguien que el Espíritu te muestre cuando salgas con tu familia a un restaurante, o a ser voluntario para enseñar una clase o dirigir un estudio bíblico en la iglesia. ¡Eso es solo rascar la superficie! Porque se nos ha dicho: «Sin fe es imposible agradar a Dios, ya que cualquiera que se acerca a Dios tiene que creer que él existe y que recompensa a quienes lo buscan» (Hebreos 11:6).

4. RELACIÓNATE CON ÉL DIARIAMENTE.

Finalmente, trata de relacionarte con el Espíritu Santo diariamente, no de forma tenebrosa y rara, sino como lo harías con tu mejor amigo. Muchas personas se relacionan con Dios como su Padre celestial y con Jesús como su Salvador, su Maestro, su Señor. El Espíritu Santo refleja todas estas dimensiones y más, y nos sella como hijos de Dios. El Espíritu es el aliento de aire fresco que llena nuestras velas en nuestro viaje espiritual.

Habla con el Espíritu Santo y confía en que te oye y te habla también. Pasa tiempo en la Palabra de Dios, y medita en lo que él esté diciendo. Piensa en la forma que su mensaje se aplica a tu vida en este momento.

No tengas miedo ni te alteres por tener el Espíritu Santo dentro de ti. Si estás creciendo en tu fe, probablemente ya tienes una relación con Jesús. También lo más seguro es que estés consciente de tu relación con Dios como tu Padre. Sin embargo, necesitas un aliado íntimo, una amistad diaria con el Espíritu Santo. De hecho, esta es mi oración por ti: «Que la gracia del Señor Jesucristo, el amor de Dios y la comunión del Espíritu Santo estén con todos ustedes» (2 Corintios 13:14 NBV).

TU SIGUIENTE PASO EN EL CAMINO

Si quieres desarrollar una fe más fuerte y una relación más cercana con Dios, entonces es tiempo de utilizar plenamente el poder del Espíritu Santo en tu vida. ¿De qué sirve un regalo si no lo has abierto y comenzado a usar? Permite que Dios te bendiga con la llenura de todo lo que quiere darte a través de su Espíritu.

Este proceso de crecimiento ocurre básicamente de dos maneras claras. Primero, permite al Espíritu Santo que te muestre áreas de tu vida que necesiten cambiar. La Escritura nos advierte: «No entristezcan al Espíritu Santo de Dios con la forma en que viven. Recuerden que él los identificó como suyos» (Efesios 4:30 NTV). Para efectuar un cambio en nuestra vida, o usamos restricciones externas –algo fuera de nosotros que nos diga cómo comportarnos y controlar nuestras actitudes, opiniones y acciones– o nos apoyamos en un cambio interno, algo dentro de nosotros que nos dirija en la forma como debemos comportarnos. Solo el Espíritu de Dios puede hacer este cambio interno en nosotros: «Les daré un nuevo corazón, y les infundiré un espíritu nuevo; les quitaré ese corazón de piedra que ahora tienen, y les pondré un corazón de carne. Infundiré mi Espíritu en ustedes, y haré que sigan mis preceptos y obedezcan mis leyes» (Ezequiel 36:26-27).

No puedes cambiar lo que no ves, ¡pero el Espíritu Santo lo ve todo! Pídele que coloque su dedo en cualquier área que no esté bien en tu vida. Permítele señalarte áreas con las que Dios no esté complacido. Di esta oración: «Examíname, oh Dios, y sondea mi corazón ponme a prueba y sondea mis pensamientos. Fíjate si voy por mal camino, y guíame por el camino eterno» (Salmos 139:23-24). Luego haz lo necesario para eliminar ese pecado y acércate más a él. Dios te mostrará lo que se necesite cambiar y te guiará en el camino eterno.

Otra forma impulsada por el Espíritu de crecer en tu fe es permitiendo que él te cambie en lugar de esforzarte por cambiarte a ti mismo. Esto pudiera sonar contradictorio a lo que acabamos de considerar, pero de hecho es complementario. Cuando el Espíritu Santo revele un área en la que necesitemos cambiar, seremos sabios si lo escuchamos. Sin embargo, al mismo tiempo no tenemos que depender de nuestro propio poder para crecer espiritualmente.

Hay muchas personas exhaustas por tratar de ser mejores, hacen todo en su propia fuerza. En vez de eso, invita al Espíritu Santo a hacer el trabajo en tu interior. Permítele hacer de ti una persona enteramente nueva. Como escribió Pablo a la iglesia en Corintio: «Pues el Señor es el Espíritu, y donde está el Espíritu del Señor, allí hay libertad... El Señor, quien es el Espíritu, nos hace más y más parecidos a él a medida que somos transformados a su gloriosa imagen» (2 Corintios 3:17-18 NTV).

¡Una de las funciones principales del Espíritu Santo es colocar un espíritu santo en ti! Ser lleno del Espíritu

Santo no me hace mejor que tú, me hace mejor que *yo*. Si tú quieres un cambio real y duradero, entonces da libertad al Espíritu Santo en tu vida y ve lo que pasará.

DESCUBRE TU PROPÓSITO

¿**Q**ué te motiva a levantarte en la mañana?

¿Sabes por qué haces lo que haces?

¿Con qué frecuencia sientes que fuiste hecho para más?

Sospecho que muchos de nosotros nos sentimos frustrados e insatisfechos con nuestras vidas porque no estamos viviendo el propósito específico y único que Dios nos ha dado. Sabemos que debe haber más en la vida que lo que estamos experimentando, pero no sabemos cómo acceder a ello. Esta frustración me recuerda una historia que escuché una vez acerca de una carrera de galgos en Florida. Si nunca has visto una de estas carreras, estos hermosos y enormes perros se alinean para correr tras un conejo mecánico que los guía alrededor de la pista. En esta carrera en particular, tan pronto como soltaron a los perros, ¡el conejito robot explotó! Una vez ausente el conejo, los perros corredores no sabían qué hacer.

Uno se echó inmediatamente a descansar. Otro se confundió tanto que se estrelló contra la reja y se lastimó. Muchos de los perros empezaron a aullar y a ladrarles a los espectadores de la tribuna, pero ni un solo perro terminó la carrera, ¡porque no había nada qué perseguir!

Este incidente me parece una imagen muy vívida de la manera en que vive mucha gente. Cuando no hay nada qué perseguir luchan por encontrar significado a sus vidas. Se sientan y se quedan atorados en donde están, prueban varias rutas de escape solo para lastimarse a sí mismos, aullar (y tuitear) a otros, y finalmente salirse de la carrera.

Sin embargo, no se trata solamente de tener un conejo al cual perseguir. La clave para una vida significativa es asegurarte de que estás persiguiendo algo mucho más grande que lo que está frente a ti. Muchas personas trabajan para alcanzar metas profesionales y acumular riqueza, solo para terminar decepcionados y desilusionados por su éxito. Otros piensan que encontrar a la persona correcta, formar una familia o servir en el ministerio les va a dar un sentido de realización, pero solo experimentan agotamiento en lugar de alegría. Atrapan sus conejos solo para acabar decepcionados.

Por eso es que es tan importante saber por qué estás persiguiendo lo que estás persiguiendo. Necesitas tener una perspectiva clara de qué es lo más importante para avivar tus motivaciones. Necesitas un sentido de propósito más grande que solo obtener más dinero, una casa mejor o el reconocimiento de otros.

Las buenas noticias son que Dios tiene un propósito único y especial para tu vida. Te ha diseñado específicamente para el llamado que tiene para ti. Nuestro amado Creador nos invita a cada uno de nosotros a experimentar la aventura de alcanzar el potencial que ha puesto dentro de nosotros.

Ya tienes lo que se necesita.

¡Solo tienes que liberarlo!

NOS HA SIDO DADA GRACIA

Cada persona reflexiona sobre su propósito en diferentes momentos de su vida. Lamentablemente, muchos nunca descubren una dirección que los lleve a utilizar todos sus dones, talentos, habilidades y pasiones. Van de lugar en lugar, de relación en relación, de trabajo en trabajo, siempre conscientes de que debe haber más, pero sin saber cómo acceder a ello.

Esta falta de dirección la experimentan personas no creyentes, al igual que gente que se ha comprometido a seguir a Jesús. De hecho, estimo que nueve de diez personas que conocen a Dios *desconocen* el propósito que él les dio. Este desfase en la iglesia es más impactante cuando nos damos cuenta de que Dios no solo quiere que conozcamos nuestro propósito individual, sino también quiere que ayudemos a otros a descubrir su propósito específico:

Pero a cada uno de nosotros se nos ha dado gracia en la medida en que Cristo ha repartido los dones... Él mismo constituyó a unos, apóstoles; a otros, profetas; a otros, evangelistas; y a otros, pastores y maestros, a fin de capacitar al pueblo de Dios para la obra de servicio, para edificar el cuerpo de Cristo. De este modo, todos llegaremos a la unidad de la fe y del conocimiento del Hijo de Dios, a una humanidad perfecta que se conforme a la plena estatura de Cristo (Efesios 4:7, 11-13).

En la primera oración, la palabra traducida como *gracia*, significa un don especial, una habilitación divina. No está haciendo referencia a la gracia como la concebimos en relación con la misericordia de Dios y nuestra salvación. Más bien, esta clase de gracia se refiere a algo que tú haces que trae realización y marca una diferencia en la vida de quienes te rodean. Vemos una referencia a esta misma clase de gracia en la carta de Pablo a los cristianos de Roma: «Tenemos *dones* diferentes, según la *gracia* que se nos ha dado» (Romanos 12:6, énfasis del autor).

Sin embargo, nuestro enemigo trata de confundir nuestra identidad. Lo último que quiere es que operemos en el propósito que Dios nos dio a su máxima potencia. Una gran parte de su plan gira alrededor de evitar que conozcamos y vivamos nuestro propósito. No obstante, no importa cuánto lo intente, el diablo no puede detenernos de usar los dones que Dios puso dentro de nosotros. Simplemente tenemos que liberarlos y activarlos por medio del poder del Espíritu Santo.

Se nos ha dicho: «Tú creaste mis entrañas; me formaste en el vientre de mi madre. ¡Te alabo porque soy una creación admirable! ¡Tus obras son maravillosas, *y esto lo sé muy bien!*... todo estaba ya escrito en tu libro; todos mis días se estaban diseñando, aunque no existía uno solo de ellos» (Salmos 139:13, 16, énfasis del autor). Si te fijas con detenimiento en la forma como Dios te hizo, podrás descubrir en qué consiste tu vida; ya está ahí dentro de ti.

VIVIENDO CON PROPÓSITO

Al entrar a esta tercera sección acerca del crecimiento espiritual: «Descubre tu propósito», mi oración por ti es la misma que la de Pablo por los creyentes, que conozcas la esperanza de tu llamado: «Pido también que les sean iluminados los ojos del corazón para que sepan a qué esperanza él los ha llamado, cuál es la riqueza de su gloriosa herencia entre los santos» (Efesios 1:18).

No pierdas de vista la forma en que la esperanza y el llamado están conectados. Básicamente, no podrás tener la esperanza de una vida más rica, mejor y con más realización hasta que sepas lo que Dios te ha llamado a hacer con tu vida. Nada más te satisfará ni te llevará a utilizar todo lo que él puso dentro de ti de la misma manera. Una vez que conoces tu propósito sagrado, experimentas la esperanza con mayor plenitud.

Es increíblemente inspirador ver a alguien vivir su llamado con pasión y con un sentido de propósito. Todos queremos ese sentido de trascendencia que trae alcanzar algo mayor que solamente el éxito monetario y material; porque somos eternos, seres espirituales, anhelamos crear un legado espiritual eterno.

Vemos este anhelo manifestado en la vida de Pablo. Su vida entera giraba alrededor de su propósito. Él escribió: «Considero que mi vida carece de valor para mí mismo, con tal de que termine mi carrera y lleve a cabo el servicio que me ha encomendado el Señor Jesús» (Hechos 20:24).

Después de conocer a Cristo como tu Salvador, conocer tu propósito es lo segundo en importancia. Cuando sabes para qué fuiste hecho, puedes dejar de centrarte en ti mismo y enfocarte en servir a los demás de acuerdo al diseño que Dios puso en ti. En otras palabras, tus problemas parecen más pequeños cuando tu propósito es más grande. Pablo explicó que el propósito es como una fuente de esperanza y gozo:

> Por tanto, no nos desanimamos. Al contrario, aunque por fuera nos vamos desgastando, por dentro nos vamos renovando día tras día. Pues los sufrimientos ligeros y efímeros que ahora padecemos producen una gloria eterna que vale muchísimo más que todo sufrimiento. Así que no nos fijamos en lo visible, sino en lo invisible, ya que lo que se ve es pasajero, mientras que lo que no se ve es eterno (2 Corintios 4:16-18).

Sin duda, Pablo tenía una buena cantidad de problemas: multitudes violentas, problemas con líderes judíos y el gobierno romano, naufragios, tiempo en prisión, solo por nombrar unos cuantos; pero esos problemas no tuvieron el mismo efecto que habrían tenido en otros. ¿Por qué? Porque Pablo no se enfocaba en ellos. Tenía algo más importante en su vida y en eso estaba enfocado: el propósito que Dios le había dado.

Estoy convencido de que el secreto para resolver nuestros problemas no es resolverlos. Aun si solucionamos un problema, otro llegará a tomar su lugar. El verdadero secreto para resolver problemas es tener algo más importante en tu vida, algo más grande y más significativo que cualquier problema terrenal. Puedes seguir tratando de resolver tus problemas a tu manera, pero la solución real la encontramos a la manera de Dios.

La felicidad verdadera se encuentra en el propósito.

CAPÍTULO SIETE

DONES ESPIRITUALES

FUISTE HECHO PARA ESTO

Conozco muchas personas que han descubierto más sobre ellas mismas al estudiar su genealogía con pruebas de ADN. Probablemente has visto los comerciales de compañías populares como *Ancestry.com* y *23andMe* que ofrecen kits para hacer pruebas de ADN. Pagas el costo, recibes tu kit y envías una muestra de saliva, la cual es analizada posteriormente para revelar tu etnia y origen cultural.

Estas pruebas usualmente confirman lo que la gente ya sabe; cosas como que sus antepasados llegaron de Europa Occidental, África o Asia, pero algunas veces descubren algo que les sorprende. Tal vez un porcentaje de su composición genética revele ancestros de Sur América o del Medio Oriente. Conocer su etnia y su herencia cultural ayuda a muchas personas a entender, aceptar y celebrar ciertos aspectos de su familia, su identidad y su personalidad específica.

Sepamos o no los detalles de nuestro ADN, todos estamos llamados a aceptarnos como Dios nos hizo. Sin duda, esta aceptación fue una de las claves del éxito del rey David. Él sabía quién era, lo abrazó y lo celebró. Él escribió: «¡Gracias por haberme hecho tan admirable! Es admirable pensar en ello. Maravillosa es la obra de tus manos, y eso lo sé muy bien» (Salmos 139:14, NBV).

Puedes pensar que las palabras poéticas de David suenan arrogantes, pero yo no lo creo. David simplemente estaba seguro de quien era porque sabía *de quién* era. David aceptó lo maravilloso que era, no porque él hubiera hecho o pudiera hacer algo especial, sino porque conocía el poder creativo de Dios y su destreza. David continuó:

Tú me observaste cuando en lo más recóndito era yo formado. Tus ojos vieron mi cuerpo en gestación: todo estaba ya escrito en tu libro; todos mis días se estaban diseñando, aunque no existía uno solo de ellos (versos 15-16, NBV).

Aunque era el rey de Israel ungido por Dios, David no era mejor que tú y yo. Nosotros también hemos sido hechos maravillosamente por nuestro Creador, diseñados a su misma imagen para reflejar su gloria. Se nos ha dicho: «Porque somos hechura de Dios, creados en Cristo Jesús para buenas obras, las cuales Dios dispuso de antemano a fin de que las pongamos en práctica» (Efesios 2:10). Date cuenta de que Dios nos crea y nos prepara para hacer buenas obras antes de que en realidad las hagamos. Tiene un propósito en mente para cada uno de nosotros antes de nuestro nacimiento.

Esto tiene sentido si consideramos la forma en que frecuentemente creamos soluciones e inventamos nuevos productos y aparatos. Cuando hay algo que quieres lograr; algo necesario con un propósito, creas algo para satisfacer esa necesidad y cumplir ese propósito. Primero decides lo que vas a querer lograr con tu creación, y después lo diseñas y lo construyes de acuerdo a ese fin.

Por ejemplo, si quisieras hacer un envase para que la gente pudiera llevar bebidas a dondequiera, te gustaría que ese envase fuera ligero y portable. Obviamente necesitaría ser hueco y tener la capacidad de pararse firme, además necesitaría un orificio de acuerdo al tamaño de la boca de una persona. El hecho de saber el objetivo de tu creación te permite diseñarlo en función a ese propósito. De manera similar, si pones atención en la forma en que está hecho un objeto, encuentras pistas para descubrir su propósito. Probablemente las personas podrían decir cuál es el propósito de tu envase para bebidas sin que nadie se los dijera.

Nosotros reflejamos la misma clase de diseño, solamente que a una escala divina. Antes de que el tiempo comenzara Dios sabía lo que quería que cada uno de nosotros hiciera. Después, nos diseñó específicamente para ese propósito. Tu diseño divino arroja luz sobre el destino que Dios tiene para ti. Si descubres la forma en que has sido hecho, apuntará hacia lo que Dios quiere que hagas con tu vida.

El diseño revela el destino.

DESCUBRE TU DISEÑO

Entonces, ¿cómo empiezas a descubrir tu diseño? Hay tanta diversidad de pruebas, evaluaciones, indicadores y sistemas para definir la personalidad, como individuos; bueno, tal vez no tantos, pero casi. En nuestra iglesia conducimos a las personas a través de varias evaluaciones para ayudarles a descubrir su diseño dado por Dios. Con frecuencia se necesitan varias pruebas e instrumentos en diferentes momentos de la vida para reflejar un patrón claro de las fortalezas, talentos, dones y habilidades.

El perfil de evaluación de la personalidad DISC (por sus siglas en inglés) con frecuencia resulta ser un buen punto de partida. A grandes rasgos, se basa en los cuatro temperamentos clásicos y revela patrones de conducta ligados a tu personalidad. A continuación, una breve descripción de los cuatro tipos de personalidad:

D: Colérico—Dominio, franqueza (orientado a las tareas, decidido, organizado, extrovertido, sincero).

I: Sanguíneo—Influencia, interés en las personas (agudo, de buen trato, extrovertido, orientado a las personas).

S: Flemático—Constancia, estabilidad (analítico, orientado a las personas, introvertido).

C: Melancólico—Tolerancia, aptitud (orientado a las tareas, orientado a las metas, introvertido).

Tal vez ya has tomado la prueba del perfil DISC anteriormente, o las evaluaciones *Myers-Briggs* o *Strengths-Finder*. Nuevamente recomiendo usar varios tipos de pruebas en vez de apoyarte solo en una. También ten cuidado con definirte a ti mismo o asumir que ya sabes todo lo que necesitas saber de ti. Toma los exámenes, considera los resultados y platica de tus reflexiones con otros creyentes en quienes confíes. Estas evaluaciones de personalidad son útiles para iniciar, cuando buscas comprender más profundamente la manera en que fuiste hecho y el propósito para el que tus distintos rasgos podrían apuntar, pero no te detengas ahí.

Tu propósito puedes encontrarlo también en una o más de las siguientes tres áreas.

1. TUS DONES Y PASIONES

Tenemos dones diferentes, según la gracia que se nos ha dado. Si el don de alguien es el de profecía, que lo use en proporción con su fe; si es el de prestar un servicio, que lo preste; si es el de enseñar, que enseñe; si es el de animar a otros, que los anime; si es el de socorrer a los necesitados, que dé con generosidad; si es el de dirigir, que dirija con esmero; si es el de mostrar compasión, que lo haga con alegría (Romanos 12:6-8).

Tus dones y pasiones son las áreas que te encantan y en las que naturalmente destacas. Algunas veces son fáciles de identificar, pero no siempre. Tal vez necesites explorar varios temas, asuntos y habilidades para filtrar las posibilidades y descubrir las que te sean más atractivas. Como vimos en el pasaje anterior, tus dones surgen de la gracia que a cada uno se nos ha dado, y son para usarlos en beneficio de otros.

2. TU EXPERIENCIA PERSONAL

Por eso, hermanos míos, ya que Dios es tan bueno con ustedes, les ruego que dediquen toda su vida a servirle y a hacer todo lo que a él le agrada. Así es como se le debe adorar (Romanos 12:1, TLA).

Dios con frecuencia te va a usar en los eventos y situaciones que experimentes. Aun los momentos que pudieran parecer ordinarios y mundanos, pueden ser usados por Dios para cumplir sus propósitos en tu vida y en la de quienes te rodean. Tal vez asumimos que si no estamos al frente los domingos por la mañana, o no fuimos llamados a un campo misionero exótico, nuestra experiencia para el Reino no cuenta. Sin embargo, si estamos dispuestos a servir, Dios nos usa en todas partes de todas formas, día tras día.

3. TU DOLOR

Toda la alabanza sea para Dios, el Padre de nuestro Señor Jesucristo. Dios es nuestro Padre misericordioso y la fuente de todo consuelo. Él nos consuela en todas nuestras dificultades para que nosotros podamos consolar a otros. Cuando otros pasen por dificultades, podremos ofrecerles el mismo consuelo que Dios nos ha dado a nosotros (2 Corintios 1:3-4 NTV).

Tan incómodo como puede ser, este versículo nos recuerda que Dios usa incluso nuestras heridas y luchas. Eso significa que necesitamos aprender a valorar también los días malos y los tiempos difíciles. Si alguna vez has sido consolado por alguien que comprendió por lo que estabas pasando, entonces sabes lo poderoso que esto puede ser. Si se lo permitimos, Dios nos va a usar con frecuencia para ayudar a otros cuando se encuentren en la misma situación que nosotros estuvimos.

HECHO PARA MINISTRAR

No importa lo que revele el diseño específico de tu personalidad, no importa lo que descubras que es tu propósito divino, todos estamos llamados a reflejar el carácter de Dios. Eso significa que tú debes ser un ministro tanto como cualquiera que sea parte del personal de tu iglesia. Obviamente no estoy hablando de la profesión o vocación de ser un pastor o ministro. Estoy hablando acerca de alguien que lleva el ministerio de Jesús a otros. Se nos ha dicho: «Pero ustedes son linaje escogido, real sacerdocio, nación santa, pueblo que pertenece a Dios, para que proclamen las obras maravillosas de aquel que los llamó de las tinieblas a su luz admirable» (1 Pedro 2:9).

Nota que el verso dice que si conoces a Dios, tienes la responsabilidad de compartir lo que ha hecho en tu vida. Tienes el mismo acceso directo a Dios y al poder de su Espíritu Santo que yo tengo, o cualquiera que lo conozca. A veces la gente piensa que los pastores tienen una conexión especial a la que no tienen acceso. Veo esto cuando juego golf y cambia el clima, y uno de mis amigos me dice: «Tú eres pastor… ¡haz algo!». Siempre les digo: «¡Estoy en el área de ventas, no en la dirección!».

Todos estamos en igualdad de condiciones delante de Dios, llamados a reflejarlo al mundo, seamos ministros profesionales o no. Yo no tengo ninguna conexión especial por ser pastor. No existe una lista A y una B de quienes sirven a Dios y su pueblo. Algunas personas me dicen: «Chris, tienes el don más importante porque eres el predicador», pero eso sencillamente no es verdad. Cada rol es importante. Solo estoy usando mis dones como Dios me ha llamado a hacerlo y a ti te llama a hacer lo mismo con los dones que te ha dado.

No existe tal cosa como un participante pequeño a los ojos de Dios. Todos somos compañeros de equipo. Todos somos necesarios, lo cual significa que si tú no contribuyes, todos sufrimos. Cada tarea es vital para trabajar en extender el Reino de Dios. La Biblia nos recuerda: «Todos ustedes en conjunto son el cuerpo de Cristo, y cada uno de ustedes es parte de ese cuerpo» (1 Corintios 12:27 NTV).

ÚNICO EN TU CLASE

Todos tenemos un diseño diferente de Dios para un propósito específico. Cada uno es singular. No eres uno entre un millón, o incluso entre un billón. Eres único en tu clase.

Algunos piensan que no tienen nada con qué contribuir. Han creído las mentiras del enemigo de que no son talentosos, capaces o lo suficientemente listos como para servir a Dios. El diablo no quiere que te adueñes de la verdad acerca de quien eres y sirvas. Quiere inhabilitarte y derribarte.

La verdad es que Dios nos ha dado a cada uno dones especiales. Él es el Creador supremo y nos diseñó para desarrollar por completo las capacidades que plantó dentro de nosotros. Aun cuando compartimos dones y metas comunes con otras personas, descubrimos que cada uno de nosotros es necesario. Cada uno de nosotros tiene algo personal y único qué ofrecer. Se nos recuerda esta verdad en la Palabra de Dios:

> Ahora bien, Dios nos da muchas clases de dones, pero el Espíritu Santo es la única fuente de esos dones. Hay diferentes maneras de servir a Dios, pero siempre es a un mismo Señor. Hay muchas maneras en que Dios actúa, pero siempre es un mismo Dios el que realiza todas las cosas en nosotros. El Espíritu Santo le da una manifestación especial a cada uno de nosotros para ayudar a los demás (1 Corintios 12:4-7 NBV).

¡La diversidad es maravillosa! Dios nos hizo únicos, entonces debe amar la diversidad. Así como no hay copos de nieve o huellas digitales iguales, tampoco son iguales las habilidades singulares y específicas que recibimos de Dios. Cuando descubres la forma en que te hizo y empiezas a experimentarla, viene un sentido de realización como ningún otro. Te darás cuenta y dirás: *¡Fui hecho para esto!*

No importa en dónde estés en tu camino de fe, no importa lo que hayas hecho en el pasado o cuántos errores hayas cometido, no importa lo mediocre o poco talentoso que pienses ser, tú eres especial y tienes un don especial. Dios quiere usarte.

He tenido un sueño recurrente por años. Sueño con una iglesia en la que cada persona sepa l0 que Dios le llamó a ser. En la iglesia que crecí, la reunión del domingo en la noche era más informal. Algunas veces, nuestro pastor la convertía en «noche de testimonios» y pasaba el micrófono alrededor para que las personas contaran la forma en que Dios había contestado sus oraciones o suplido sus necesidades esa semana. Esos testimonios eran espontáneos, algunas veces graciosos, pero siempre sinceros.

Así que sueño con pasar el micrófono para que las personas compartan la forma en que están viviendo el propósito que Dios les dio. Tal vez sería algo parecido a esto:

«Me llamo Juan, soy cristiano y tengo el don espiritual de la misericordia. Sirvo en el Centro de los Sueños, porque me encanta ayudar a los desamparados, los que no tienen casa, los fugitivos, los adictos… ¡fui hecho para esto!».

«Hola me llamo Lina. Soy seguidora de Jesucristo y tengo el don espiritual de la administración. Sirvo en el área de niños de *Church of the Highlands*. Me aseguro de que los niños estén bien registrados y que sean sus papás quienes los recojan, o alguna otra persona designada por nuestra familia de la iglesia. Me encanta cuando funciona el sistema. ¡Fui hecha para esto!».

«Hola, soy María. Dios me creó para servir y me dio el don de ayuda, así que apilo las guías del servicio. Siento que soy la responsable de correr la Palabra. ¡Fui hecha para esto!».

«Hola a todos. Soy Carla. Tengo dieciséis años y Dios me salvó. ¡Estoy tan agradecida! Lidero un grupo pequeño de amigos en mi bachillerato. Tenemos un pequeño estudio bíblico. Creo que tengo el don de evangelismo. ¡Fui hecha para esto!».

«Soy Miguel y soy un sacerdote…. bueno, ¡no literalmente! pero tengo el don espiritual del liderazgo. Lidero un grupo pequeño en mi casa y me encanta servir a los demás de esta forma. ¡Fui hecho para esto!».

«Hola a todos. Soy Ashley. Amo a Jesús y tengo el don espiritual de la exhortación. Mi grupo pequeño va a asilos de ancianos para platicar y visitar a los residentes. ¡Esas personas son tan queridas para mí! Cuando salgo de ahí me voy pensando: *¡Fui hecha para esto!*».

«De verdad me encanta orar, mi nombre es Marta, y creo que tengo el don de la intercesión. Mis hijos ya son todos adultos así que dispongo de mucho tiempo. Muchos días me quedo en la casa y me pongo a orar por todos los que conozco, y por sus necesidades. ¡Creo que estoy haciendo una diferencia porque fui hecha para esto!».

«¡Hola! ¿Cómo están? Soy Marco y mi don espiritual debe ser, ¡ser un chiflado! Me encanta reír, así que me junto con los chicos de secundaria. Me encanta hacerlos sentir especiales y ayudarles a entender cuánto los ama Dios. ¡No te rías, pero fui hecho para esto!».

Ahora es *tu* turno. ¿Que dirías?

TU SIGUIENTE PASO EN EL CAMINO

A todos nos gustaría cambiar algo de nosotros mismos, pero Dios nos acepta exactamente como somos. Él no quiere cambiarnos, quiere redimirnos.

Si se lo permites, Dios te mostrará cómo puedes ser usado por él de una forma extraordinaria. Una vez que descubras tu parte, ese propósito especial para el cual te diseñó, entonces experimentarás un gozo, una paz y una realización como nunca antes. Cuando amas tu función en la vida, amas tu vida.

El siguiente ejercicio corto está diseñado para ayudarte a pensar en lo que ya sabes de ti mismo y tu propósito, y lo que todavía quisieras saber. Pasa unos momentos en oración antes de empezar, después responde lo siguiente:

Si tuvieras que resumir lo que crees que es el propósito que Dios te dio, dirías:

_____

_____

_____

La evidencia para esta conclusión incluiría:

_____

_____

_____

Si todavía no estás consciente de cuál es tu propósito, ¿qué paso podrías dar que te ayudaría a descubrirlo? Tal vez podrías reunirte con otro cristiano, alguien que te conozca bien y en quien confíes, y hacerle las siguientes preguntas:

1. ¿Qué dones y habilidades crees que Dios ha puesto en mí?
2. ¿Cómo le describirías a alguien que no me conoce quién soy y mi propósito?
3. ¿Qué me recomiendas como siguiente paso para ayudarme a descubrir más acerca de mi propósito y la manera en que Dios me ha hecho?

CAPÍTULO OCHO

EL CUERPO DE CRISTO

NO PUEDES SER TÚ SIN MÍ

Salí con muchas chicas antes de casarme. No es algo de lo que esté orgulloso y no pienso que necesariamente haya sido bueno o malo; simplemente fue mi experiencia como joven adulto en ese tiempo. Sabía que algún día quería casarme, así que pensé que por algo debía empezar, y salir con chicas me pareció que era el punto natural de partida. Esas relaciones fueron divertidas y en gran parte saludables, pero no recibí la plenitud que finalmente estaba buscando, una esposa, porque a esas relaciones les faltaba algo que es fundamental para el matrimonio: el compromiso.

Cuando conocí y más adelante le pedí matrimonio a Tammy, llevamos nuestra relación de estar saliendo con regularidad al matrimonio. Me paré frente al atar y me comprometí con ella. Hicimos votos uno al otro delante de Dios. Con esos votos de boda, anticipamos experimentar tanto los beneficios como las responsabilidades que conllevan nuestro compromiso de toda la vida.

Una vez que se estableció nuestro compromiso, pudimos disfrutar el nivel de intimidad reservado exclusivamente para esposo y esposa. Nos hicimos responsables uno del otro, en salud y en enfermedad, en riqueza y en pobreza, en buenos tiempos y en tiempos difíciles. Ya no salimos con otras personas ni buscamos intimidad en ninguna otra relación. Nos teníamos uno al otro e hicimos un compromiso que incluía todas las áreas de nuestra vida.

Tal vez sea porque se nos ha dicho que el matrimonio ilustra la forma en que Cristo ama a la iglesia (Efesios 5:22-32), pero yo creo que Dios quiere que cada uno nos comprometamos con una iglesia local de la misma forma en que una pareja se compromete uno con el otro en matrimonio. Dios quiere que hagamos algo más que solo estar saliendo y divertirnos al brincar de iglesia en iglesia. Él quiere que nos comprometamos y contribuyamos, que seamos miembros y no solo gente que asiste.

Ciertamente el compromiso requiere más de ti, pero también te brinda oportunidades para experimentar intimidad que de otra manera no habría. En otras palabras: ¡ser miembro tiene sus privilegios!

LLAMADO AL COMPROMISO

En *Church of the Highlands* reconocemos la necesidad de que cada persona que forme parte de nuestra comunidad lo exprese formalmente a través de una membresía, una relación de compromiso con nuestra familia de la iglesia. Les pedimos que se comprometan a ser miembros por cuatro razones que vemos; estas razones reflejan las bases bíblicas, culturales, prácticas y personales para ese compromiso. La primera razón es muy clara: Jesús está comprometido con la iglesia: «Cristo amó a la iglesia y se entregó por ella» (Efesios 5:25). La iglesia es descrita en la Biblia como la novia de Cristo, su amada (versos 22-32). Nuevamente, esta imagen refleja el compromiso y la intimidad que experimentamos con Dios, no solo individualmente, sino también de forma corporal, como un cuerpo de creyentes.

La razón cultural para comprometerse con la iglesia surge porque la iglesia brinda un antídoto contra la fobia al compromiso que hay en nuestra sociedad y cultura popular. La Palabra de Dios deja muy claro que como seguidores de Cristo estamos apartados del mundo y sus caminos: «Porque eres pueblo consagrado al Señor tu Dios. Él te eligió de entre todos los pueblos de la tierra, para que fueras su posesión exclusiva» (Deuteronomio 14:2). Estamos llamados para estar en el mundo, pero no ser de él (Juan 17:15-17). Esto es difícil de lograr sin el apoyo y la responsabilidad hacia una comunidad comprometida de creyentes.

Vivimos en una era en que muy pocas personas están dispuestas a comprometerse con algo; sea trabajo, matrimonio o país. Esta actitud cultural ha producido una mentalidad de «cristianos consumidores que saltan de iglesia en iglesia». Si no te gusta la música de alabanza, ve a otra iglesia. Si el mensaje del predicador te ofendió, busca una iglesia en la que haya un pastor que te guste. Si no te gusta la decoración de las instalaciones, encuentra otra que sea de tu gusto. Ojalá estuviera exagerando, pero tristemente no es exageración.

Ser miembro de una iglesia va en contra de la corriente cultural de «consumidores de religión». Comprometerte con tu iglesia local es una decisión desinteresada. Te fuerza a permanecer en esa comunidad de creyentes a través de tiempos buenos y malos, a través de etapas de alegría y de tormentas dolorosas, en la salud y en la enfermedad. El compromiso siempre desarrolla el carácter.

La tercera razón es muy práctica. Comprometerse a ser miembro de una iglesia define con quién se puede contar para servir, dar, contribuir, apoyar, crecer, amar, perdonar y celebrar. Toda organización saludable y funcional está basada en saber específicamente en quién se puede confiar. Cada equipo tiene un listado. Cada escuela tiene una matrícula. Cada negocio tiene una nómina. Todo ejército tiene un reclutamiento. Incluso muchos países hacen un censo y requieren de un registro de votantes.

La membresía identifica a nuestra familia, el lugar al que pertenecemos.

Finalmente, hay una razón personal por la que debes comprometerte con una iglesia: porque cultiva y cuida de tu crecimiento espiritual. El Nuevo Testamento pone un énfasis muy fuerte en la necesidad de que los cristianos den cuenta de sí a otros para su crecimiento espiritual. Santiago 5:16 nos instruye: «Por eso, confiésense unos a otros sus pecados, y oren unos por otros, para que sean sanados. La oración del justo es poderosa y eficaz». No puedes dar cuentas a otros cuando no estás comprometido con una familia de la fe específica. Rendir cuentas ayuda a que nuestra fe madure. Nos estimula a crecer, así que no queremos perdernos de este beneficio especial que nos ofrece nuestra familia cristiana.

La participación activa en tu iglesia local te brinda oportunidades de escuchar, de aprender, de estudiar y de crecer en la Palabra de Dios. El estudio personal de la Biblia es importante y es bueno, pero tiene ciertas limitantes. Cuando estás en una comunidad dedicándote a estudiar la Biblia juntos, obtienes una percepción de las distintas dimensiones de la Palabra de Dios junto con su aplicación y relevancia para tu vida; cosa que tal vez no descubrirías por tu propia cuenta. Además, tienes la oportunidad de compartir tus dones con los demás; ya sea enseñando, como anfitrión, administrador, intercesor o cualquiera que sea tu don.

Al considerar estas cuatro razones: la bíblica, la cultural, la práctica y la personal para comprometerte firmemente con la comunidad de la iglesia, descubrirás que esa comunidad te brindará pilares de apoyo para todas las áreas de tu vida. Estar en comunidad te guiará a encontrar y cumplir tu propósito, según el diseño de Dios, algo que no puedes hacer sin la familia de la iglesia. ¿Por qué? Porque todos estamos conectados unos con otros. Dios nos diseñó a su misma imagen como seres relacionales. Somos un cuerpo, un rebaño, una comunidad.

Tu propósito no puede existir en un vacío. Tus dones han sido diseñados para servir y suplir las necesidades de los otros miembros del cuerpo. ¿Qué beneficio tendría que descubrieras la parte del cuerpo que eres, si no funcionaras dentro del cuerpo? Eres exitoso en la medida que estás conectado con otras personas de la comunidad de la iglesia.

Discúlpame por esta ilustración tan burda: si le cortaras la mano a alguien, el cuerpo de esa persona continuaría creciendo, pero por supuesto, la mano amputada ya no crecería. Se secaría y moriría. Para que pudiera crecer tendría que conectarse a su parte del cuerpo. Si tú eres creyente y no estás conectado con un cuerpo de creyentes, entonces también vas a secarte y a marchitarte. ¡Te vas a sentir tan mal como esa mano amputada!

La Palabra de Dios es clara: «Todo el cuerpo, sostenido y ajustado mediante las articulaciones y ligamentos, va creciendo como Dios quiere» (Colosenses 2:19). No puedo ser yo sin ti. No puedes ser tú sin mí y los demás que te rodean.

Permíteme dejarte con una última imagen de la forma en que debemos comprometernos y relacionarnos con la iglesia. Hace varios años mi familia y yo vivíamos en Colorado. Aunque me encantaba vivir allá por muchas razones, especialmente era porque me gustaban los bosques de álamos que había en las laderas de los cerros y las montañas. No solo porque relucían hermosos cuando soplaba el viento a través de sus miles de hojas pequeñas y bien definidas, también porque los álamos crecen en grupos. De hecho, sus raíces se entrelazan de tal forma que todos comparten los mismos nutrientes. La salud y el crecimiento de un álamo depende de los otros árboles que le rodean.

Tu salud y crecimiento dependen de las personas que están a tu alrededor.

Su salud y crecimiento dependen de *ti*.

TU SIGUIENTE PASO EN EL CAMINO

La Biblia usa la palabra *iglesia* de dos maneras diferentes. Primero, la usa para referirse a todos los cristianos que han vivido a través de la historia. A esto se le ha llamado la iglesia histórica, universal. Todos los creyentes alrededor del mundo, sin importar cuál sea la etiqueta de su denominación, sea que se reúnan en un edificio o al aire libre, en una carpa o un cobertizo, dondequiera que estén, en cualquier época que hayan vivido, son parte de la iglesia universal.

La segunda forma en que se usa la palabra *iglesia* es para referirse a un grupo local, a un lugar específico. Por ejemplo, piensa en la iglesia de Corinto, o en la iglesia que se reunía en casa de Lidia, o en la iglesia que estaba sobre la colina o la iglesia de tu ciudad. En este contexto, la palabra *iglesia* se usa en un sentido local específico y concreto.

Considera que la Biblia usa el término general universal solo en cuatro ocasiones, lo cual significa que casi siempre que veas la palabra *iglesia* en tu Biblia, es usada para referirse a un grupo específico de creyentes, como la iglesia a la que asistes actualmente.

Una vez que te hiciste creyente, automáticamente te convertiste en parte de la iglesia histórica universal de Dios. Sucedió en el momento cuando diste tu vida a Cristo. No tuviste que hacer una solicitud ni llenar ningún formato; ¡eres parte!

Sin embargo, eres parte de una iglesia local hasta que haces un compromiso intencional. Al igual que la decisión de dejar de salir con muchas personas y comprometerte con una sola en matrimonio, estás llamado a encontrar una iglesia para ti y a hacer un compromiso a largo plazo. Tal vez ya eres parte de una comunidad de creyentes y ya has hecho esta clase de compromiso. O tal vez, aunque eres parte de una, necesitas dar el siguiente paso y comprometerte de todo corazón. O quizá apenas estás iniciando el proceso de buscar una iglesia para ti, una en la que puedas tener un sentido de pertenencia. Aunque no hay un número determinado de iglesias que debas visitar antes de tomar una decisión, te animo a orar y a pedirle al Espíritu Santo que te guíe. Generalmente el proceso se desarrolla de la siguiente manera:

1. **Visita iglesias locales de tu área.** Pregúntales a amigos y familiares creyentes a qué iglesia asisten, y si están dispuestos a que tú vayas con ellos a visitarla. Busca en internet sitios web de iglesias. Si tienen transmisión en vivo mira una reunión entera o solo la parte del mensaje para que te des una idea de cómo es. Haz una lista de las iglesias que tengan creencias, requerimientos y anhelos que se parezcan a los tuyos.

2. **Obtén información de la iglesia y si hay una clase en la que se dé más información para ser miembros, asiste.** Después de haber visitado, cuando creas que estás listo para asumir un compromiso, averigua todo lo que puedas acerca de la iglesia, sus líderes, otros miembros, sus ministerios y sus creencias fundamentales. Asegúrate de que sea una iglesia basada en la Biblia que predique con claridad el evangelio de salvación por medio de Jesucristo. Platica con miembros que hayan estado mucho tiempo en la iglesia que estás prospectando.

Pregúntales qué es lo que aman de su iglesia, así como aquello que les gustaría cambiar.

3. **Escucha con atención la visión de la iglesia.** ¿Hacia dónde va? ¿Qué piensan los miembros que Dios les está llamando a hacer? ¿Qué necesita esta iglesia para cumplir su visión? ¿Cómo se alinea la visión de la iglesia con lo que crees que Dios te está llamando a hacer? La compatibilidad de visión con frecuencia es el indicador más importante de que una iglesia va a ser un buen hogar para ti.

4. **Escucha al Espíritu Santo.** Vuelvo a decirte, mantén una comunicación cercana con el Espíritu de Dios y pon atención a lo que te hable. La iglesia es una familia, una familia espiritual de hermanos y hermanas. Dios te dará dirección; permítele hacerlo.

Somos el cuerpo de Cristo, y así como las partes de tu cuerpo no pueden llevar a cabo su finalidad sin el resto del cuerpo, tampoco tú puedes ser quien se supone que debes ser sin los otros miembros de la iglesia. Ninguno de nosotros podemos ser lo que estamos destinados a ser sin estar conectados con otros creyentes.

¡Comprométete con tu iglesia, y sé todo lo que puedes ser!

CAPÍTULO NUEVE

EL CRECIMIENTO

LA PARTE MÁS EMOCIONANTE DEL CRISTIANISMO

Cada año tomo un tiempo entre la Navidad y el Año Nuevo para repasar lo más reciente y soñar con el futuro próximo. Como parte de ese proceso, le pido a Dios que me dé una palabra, un punto focal para mi vida para los siguientes doce meses. Últimamente, al empezar este año, Dios me dio una palabra sorprendente: *crecimiento*. Sorprendente porque tú pensarías que después de ser cristiano durante cuarenta años y con treinta y cinco en el ministerio, no necesitaría enfocarme en el crecimiento. Sin embargo, mientras más lo consideraba, más abatido era mi orgullo y más me animaba, ¡porque la verdad es que siempre hay espacio para crecer!

Me senté y anoté áreas en las que quería crecer. Pensé en aspectos en los cuales podía mejorar como esposo, padre, amigo y hombre de Dios. Reflexioné en cuánto deseaba ser un catalizador para el crecimiento de mi familia, pero no en el sentido literal, ¡a menos que se trate de tener más nietos!

Luego me puse a pensar en la iglesia que lidero y en cuánto quería verla crecer. En lugar de mirar atrás y sentirme satisfecho por el año grandioso que tuvimos, me emocioné con la idea de empujar hacia adelante por más. Esto no fue una motivación por querer más logros, sino una emoción genuina al saber que Dios tenía más para nosotros.

Pocas semanas después, me di cuenta de que llegó una nueva energía a mi vida de oración. Me enfoqué más en apreciar el regalo del momento presente y en cómo podría servir ese día. Cuando las semanas se volvieron meses, vi claramente cuánto necesitaba que Dios me diera un empujoncito hacia un nuevo crecimiento. ¡Me quedé emocionado de ver lo siguiente que tiene reservado para mí!

CRECIENDO JUNTOS

No tienes que esperar a que Dios te dé una señal para buscar el crecimiento espiritual. Él ya quiere que todos crezcamos. De hecho, es un mandato bíblico:

Él mismo constituyó a unos, apóstoles; a otros, profetas; a otros, evangelistas; y a otros, pastores y maestros, a fin de capacitar al pueblo de Dios para la obra de servicio, para *edificar* el cuerpo de Cristo. De este modo, todos llegaremos a la unidad de la fe y del conocimiento del Hijo de Dios, a una humanidad *perfecta* que se conforme a la plena estatura de Cristo. Así ya no seremos niños, zarandeados por las olas y llevados de aquí para allá por todo viento de enseñanza y por la astucia y los artificios de quienes emplean artimañas engañosas. Más bien, al vivir la verdad con amor, *creceremos* hasta ser en todo como aquel que es la cabeza, es decir, Cristo. Por su acción todo el cuerpo *crece* y se edifica en amor, sostenido y ajustado por todos los ligamentos, según la actividad propia de cada miembro (Efesios 4:11-16, énfasis del autor).

Al hacer la obra que Dios nos llamó a hacer, crecemos naturalmente; nos parecemos más a él. Crecemos para apoyarnos más en él. Nuestra fe es fortalecida, así como nuestra disposición a confiar en él, aun cuando la vida sea dolorosa y no sepamos lo que él se traiga entre manos. Nuestro crecimiento nunca termina mientras estemos aquí en la tierra, siempre hay algo más por aprender, por observar, por descubrir y disfrutar.

El crecimiento espiritual constante nos mantiene enfocados y anclados en medio de las muchas tormentas de la vida. No tenemos que ser aventados de un lado a otro por los vientos y las olas de circunstancias cambiantes. Nuestra fe en Dios es nuestro fundamento. Es nuestra roca sólida que nunca se mueve. Se nos ha dicho: «Toda buena dádiva y todo don perfecto descienden de lo alto, donde está el Padre que creó las lumbreras celestes, y que no cambia como los astros ni se mueve como las sombras» (Santiago 1:17).

Por otra parte, nuestro crecimiento es crítico para la misión que Dios nos ha dado. Somos parte de un cuerpo. Los cuerpos son organismos vivos que crecen. Si una parte no crece, el resto no puede funcionar bien. Repitiendo lo que vimos en el capítulo anterior, todos somos interdependientes dentro del cuerpo de Cristo. Como las raíces de los árboles en los bosques de álamos, cuando florecemos todos se benefician. También cuando tambaleamos los demás se pierden de lo que teníamos que ofrecerles.

Tú no puedes ser tú sin el resto del cuerpo.

Sin ti ellos no pueden ser las personas que están llamadas a ser.

¡Todos estamos creciendo juntos!

DISFRUTA LA SUBIDA

Compartí la palabra que recibí de Dios este año pasado para enfatizar que todos estamos llamados a crecer continuamente. En ciertas etapas experimentamos más crecimiento que en otras; a veces ese crecimiento se nota fácilmente. Sin embargo, cuando el crecimiento espiritual es menos obvio, dudamos de si realmente estamos avanzando. Es entonces cuando tenemos que confiar en que estamos creciendo aun cuando no lo veamos o sintamos.

Es como cuando éramos niños y nos recostábamos sobre el pasto para ver cómo crecían las flores. Cuando en lo único que nos enfocamos es en el crecimiento, tal vez no notemos la forma lenta y gradual en que a veces sucede. Si estamos comprometidos a ser más como Jesús cada día, y le permitimos al Espíritu Santo que nos guíe y nos dirija, entonces definitivamente estamos creciendo en nuestra fe.

Una de las maneras de no crecer es asentarnos. Buscar el crecimiento no nos permite conformarnos con menos de lo mejor que Dios tiene para nuestra vida. Algunas veces pienso que es parte de la naturaleza humana acomodarnos y quedarnos quietos. No me refiero a una temporada de descanso o un período sabático; estoy hablando de resignarnos con lo que ya tenemos y rendirnos. Tan tentador como puede ser disfrutar de la seguridad que el hecho de acomodarnos parece traer, estamos llamados a mucho más. Sencillamente no podemos conformarnos con menos ¡cuando hay tanto más por hacer!

No obstante, aunque no queremos asentarnos espiritualmente, tampoco queremos perdernos de las bendiciones que tenemos frente a nosotros por estar exageradamente enfocados en lo que está por delante. El crecimiento espiritual saludable trae un balance entre estar muy satisfecho y muy insatisfecho al mismo tiempo. Estamos satisfechos con lo que Dios tiene para nosotros, con todo lo que nos ha dado y la forma en que nos ha proveído. Estamos agradecidos por las muchas maneras en que obra a través de nosotros para bendecir a otros. Sin embargo, ¡al mismo tiempo rehusamos descansar en el éxito pasado!

Si lo que hiciste ayer todavía te parece grande hoy, entonces no estás creciendo. Como dijo el legendario Babe Ruth: «Los jonrones de ayer no traen las victorias de los juegos de hoy». Me encanta el ejemplo que el gran evangelista Juan Wesley dio de otro predicador; ¡cada siete años quemaba todos sus sermones anteriores! Wesley comentó que él decía: «Es una vergüenza si no puedo escribir mejores sermones ahora que los que escribí siete años atrás».[6]

No necesariamente tenemos que destruir los logros pasados, pero el crecimiento sin duda requiere un proceso intencional. De otra forma estaremos tan consumidos por lo cotidiano, lo urgente y lo temporal que nunca haremos tiempo para lo trascendente, lo significativo y lo eterno. El crecimiento saludable constante requiere un plan de cuatro pasos:

1. Aparta tiempo para crecer.
2. Determina el área específica en que quieras crecer.
3. Encuentra recursos para crecer en esa área.
4. Aplica lo que empieces a aprender.

Seguir un plan de crecimiento debe desafiarte, y puede ser sumamente difícil antes de que notes algún cambio. El emblemático locutor de radio, Paul Harvey, solía decir: «Puedes decir que estás en el camino al éxito cuando toda la senda es cuesta arriba». Recuerda, vas a tener que escalar algunas colinas si quieres alcanzar nuevas alturas, así que ¡disfruta la subida!

EL CAMBIO ES CONSTANTE

Además de requerir un plan de acción, el crecimiento involucra una disposición a cambiar. Si seguimos haciendo todo de la misma forma, es difícil descubrir algo nuevo. Si no cambiamos, no crecemos.

El crecimiento demanda ceder la seguridad y abrazar el cambio en búsqueda de nuevos descubrimientos. Para crecer, no podemos negarnos a considerar lo que otros creen al defender constantemente nuestra postura actual. Sí, apégate a tus valores y usa la Biblia para tener el estándar de Dios siempre delante de ti, pero no defiendas por qué te has quedado en donde estás en un área en particular. Aborda nuevas ideas con una mente abierta. Confía en que el Espíritu de Dios te dará discernimiento y su Palabra te dará sabiduría.

Para poder crecer, muy probablemente necesitarás cambiar algunos hábitos. ¡Nunca va a cambiar tu vida hasta que cambies algo que estés haciendo diariamente!

No vas a fortalecer la relación con tu cónyuge si no cambias la manera en que te comunicas usualmente. No vas a poder mejorar tu salud financiera si sigues gastando de la misma manera en las mismas cosas. No puedes disfrutar de más paz y contentamiento si no estás dispuesto a cambiar tu actitud.

Al aprender a abrazar el cambio y buscar el crecimiento, encontrarás que este proceso naturalmente produce gozo, alegría. Cada vez que busco crecer en un aspecto de mi vida, experimento un efecto dominó en todas las áreas. Me siento más feliz y más capaz de disfrutar el camino que se abre cada nuevo día. También mi vida de oración es mejor ¡porque le he dado un objetivo a mi fe!

Si estás batallando para disfrutar la vida y casi nunca estás verdaderamente alegre, la mejor receta espiritual que te puedo ofrecer es que te enfoques en crecer. Identifica áreas en las que quieras aprender más o ser mejor, cambia la manera en que has venido haciendo las cosas y ve lo que sucede.

No te enfoques en el crecimiento y el gozo de alguien más; ¡enfócate en los tuyos!

CRECE EN SABIDURÍA

Aunque solo tenemos un versículo que resume la vida de Jesús de los doce a los treinta años, este verso tiene una gran repercusión: «Jesús siguió creciendo en sabiduría y estatura, y cada vez más gozaba del favor de Dios y de toda la gente» (Lucas 2:52). Aunque no sabemos específicamente cómo creció, es claro que no se quedó ahí parado esperando que sucediera.

Date cuenta de que creció en sabiduría. Como la mayoría de los niños judíos al crecer, Jesús estudió su cultura y su fe de manera sistemática. Tal vez es más fácil aprender para los niños y los adolescentes porque frecuentemente tienen hambre de conocimiento y curiosidad por todo lo desconocido. En mi humilde opinión, nosotros necesitamos mantener esa curiosidad y ese deseo de aprender y crecer a lo largo de toda nuestra vida. Demasiados adultos están satisfechos con lo que ya saben. Se conformaron, y en el proceso impidieron su propio crecimiento: «Si el hacha pierde su filo, y no se vuelve a afilar, hay que golpear con más fuerza. El éxito radica en la *acción sabia y bien ejecutada*» (Eclesiastés 10:10, énfasis del autor).

Cuando evaluamos nuestro crecimiento y desarrollo espiritual, con mucha frecuencia nos enfocamos en la valoración equivocada. La pregunta más importante para determinar nuestro crecimiento no es: ¿qué estoy haciendo?, sino más bien: ¿en quién me estoy convirtiendo? Significa dejar de pensar en lo que se ve y pensar en lo que no se ve, dejar de pensar en lo que es obvio y pensar en lo que es más profundo y más sabio.

La sabiduría es uno de los frutos que produce el crecimiento de nuestra fe. Una de las formas más sencillas de estimular nuestro propio crecimiento en sabiduría es aprender de la sabiduría de otros. Interesarnos en las personas, observarlas, respetar las distintas formas de hacer las cosas y sus diferentes perspectivas; todo eso ayuda a que te estires. Los maestros, los pastores, los jefes, los amigos y los mentores son recursos invaluables. Cuando se dé la oportunidad, hazles preguntas directas que te ayuden a fortalecer tu crecimiento y desarrollo espiritual. A continuación, te comparto unas cuantas preguntas que he usado de una u otra forma, que tal vez quieras considerar.

1. ¿Cuál es la lección de liderazgo más importante que has aprendido?
2. ¿Qué estás aprendiendo actualmente?
3. ¿En qué forma el fracaso ha moldeado tu vida?
4. ¿A quién conoces que yo deba conocer?
5. ¿Qué has leído que yo deba leer?
6. ¿Qué has hecho que yo deba hacer?
7. ¿Qué debería preguntarte que no te he preguntado?
8. ¿Cómo puedo agregarte valor?

CRECE EN ESTATURA

Vamos a regresar al versículo que habla del crecimiento de Jesús (Lucas 2:52). Nota que no solo creció en sabiduría, sino también en estatura. Fue más alto y más fuerte al pasar de la infancia a la adolescencia y la etapa adulta.

Sin embargo, crecer físicamente tampoco sucede por accidente. Nuestro cuerpo requiere de comida sana, agua limpia, ejercicio regular, aire fresco y descanso suficiente.

Cuando somos adultos, somos tentados por un tiempo a ignorar las necesidades de nuestro cuerpo, especialmente las de una nutrición apropiada y el descanso adecuado; pero al pasar el tiempo nuestro cuerpo nos recuerda nuestras limitaciones físicas. Nuestro cuerpo es temporal, y si bien es asombroso y resiliente, también es frágil. Si quieres crecer en todas las áreas de tu vida, entonces necesitas cuidar de tu cuerpo.

Aunque parezca obvio, la mejor sugerencia que puedo darte para mantener tu cuerpo sano es tomar el control de tu calendario. ¡No todo lo factible es sostenible! Te vuelvo a decir, tenemos que aprender a discernir entre lo verdaderamente importante y lo simplemente urgente.

Aquello que nos trae tan locos, ¿vale nuestro tiempo, nuestra energía y nuestros recursos? ¿Va a importar dentro de un año? ¿Dentro de cinco años? Cuando pienso acerca de lo finito del tiempo y la energía que tengo para invertir cada día, me gusta recordar que mi meta es edificar algo eterno. Mi examen, basado en el siguiente pasaje de la Biblia, es preguntarme a mí mismo si aquello en lo que me estoy enfocando va a perdurar:

> Según la gracia que Dios me ha dado, yo, como maestro constructor, eché los cimientos, y otro construye sobre ellos. Pero cada uno tenga cuidado de cómo

construye, porque nadie puede poner un fundamento diferente del que ya está puesto, que es Jesucristo. Si alguien construye sobre este fundamento, ya sea con oro, plata y piedras preciosas, o con madera, heno y paja, su obra se mostrará tal cual es, pues el día del juicio la dejará al descubierto. El fuego la dará a conocer, y pondrá a prueba la calidad del trabajo de cada uno. Si lo que alguien ha construido *permanece*, recibirá su recompensa, pero, si su obra es consumida por las llamas, él sufrirá pérdida. Será salvo, pero como quien pasa por el fuego (1 Corintios 3:10-15, énfasis del autor).

Tu cuerpo solo puede soportar hasta un límite. Dios diseñó nuestro cuerpo con capacidad para trabajar duro, pero aun así requerimos de descanso. Si trabajas como si todo dependiera de ti, entonces al pasar el tiempo, si no es que muy rápidamente, te vas a quedar sin nada qué dar; pero si paras y permites que Dios te renueve, nunca te vas a secar.

Respeta las limitaciones de tu cuerpo, y encuentra lo que me gusta llamar «el paso de la gracia». Esto es sencillamente tu mejor ritmo natural basado en lo que sabes de ti mismo y en como funcionas mejor. Tal vez te gusta madrugar, o quizá sabes que necesitas proteína en tu desayuno para mantenerte energizado todo el día. Puede ser saber cuándo necesitas quedarte y no salir para pasar un tiempo tranquilo solo, y saber cuándo necesitas estar con otros. O saber cuándo necesites descansar, lo cual por cierto es el motivo por el que Dios nos ordenó que tomáramos un día para reposar (*shabbath*).

GUARDA UN DÍA DE REPOSO (*EL SHABBATH*)

Una forma crucial de mantener el paso de la gracia es guardar un día de reposo. Esto no es solamente una buena idea... ¡es uno de los Diez Mandamientos! «Trabaja seis días, y haz en ellos todo lo que tengas que hacer, pero el día séptimo será un día de reposo para honrar al Señor tu Dios» (Éxodo 20:9-10).

Si bien, tu día de reposo no tiene que ser el séptimo día de la semana, o el domingo, te animo a designar un día a la semana como un día de reposo sagrado. Esto significa no trabajar nada... ¡ni siquiera responder correos electrónicos! Cuando te tomas un día de reposo, intencionalmente paras y te desconectas de tu rutina y actividades normales: no internet, no mensajes de texto, no teléfono, no redes sociales. En vez de eso, te enfocas en tu relación con Dios, tal vez por medio de un tiempo de oración extendido, ayunando o dándote un festín con la Palabra de Dios.

El día de reposo permite que tu cuerpo descanse, disfrute de un tiempo solitario de quietud y se recupere del sueño perdido. Este tiempo también te permite recargar tu alma y hacer cosas que rellenen tu tanque. Puede ser disfrutar una comida con amigos o participar en un evento comunitario. Puede ser pintar, caminar a la orilla de la playa o escuchar música especial. Como quiera que decidas pasar tu tiempo de reposo, debe alimentar tu alma.

Puedes usar tu tiempo de descanso como una oportunidad para repasar y reflexionar sobre otras áreas de tu vida. Incluso puedes tomar un tiempo sabático, un período de descanso y renovación más largo que solamente un día. Ya sea por una semana, varias semanas, un mes o más, el sabático le da a tu espíritu tiempo para respirar y volver a enfocarte en lo más importante.

Hace algunos años, finalmente tomé mi primer tiempo sabático prolongado y fue verdaderamente transformador. Sin correos electrónicos, sin internet, sin redes sociales, muy pocas responsabilidades de trabajo y uso limitado de mi teléfono. Fue difícil al principio, porque, como la mayoría de nosotros, estoy acostumbrado a estar en movimiento. De hecho, ¡tener tiempo para no hacer nada fue difícil! Sin embargo, mi cuerpo empezó a beneficiarse pronto al recuperar horas de sueño. Pude desacelerarme y disfrutar estar presente con mi familia. Durante mi sabático, me di cuenta de que necesitaba cambiar la forma en que normalmente programaba mi tiempo y mis viajes.

Tal vez tú piensas que no tienes tiempo para poner tu vida en pausa y tener un día de descanso, mucho menos un periodo completo. Sin embargo, si quieres crecer espiritualmente, así como también en otras áreas de tu vida, entonces el descanso no es opcional; es esencial. Toma tiempo para descansar ¡antes de que seas forzado a tomarlo!

CRECER EN EL FAVOR DE DIOS Y DE TODA LA GENTE

Además de crecer intelectual y físicamente, Jesús creció «en el favor de Dios y de toda la gente» (Lucas 2:52). Esta clase de crecimiento implica que estamos diseñados para cambiar y crecer por medio de nuestras relaciones. Obviamente, quieres enfocarte en tu relación con Dios, ¡de eso se trata este libro!

Sin embargo, así como necesitas ser deliberado con relación a pasar tiempo con Dios –orando, adorando, aprendiendo, escuchando– también necesitas ser intencional e invertir en tus relaciones con las personas claves de tu vida. En medio de nuestras ocupaciones es tan fácil tener relaciones superficiales incluso con la gente que amamos y queremos disfrutar. Si no somos intencionales en alimentar nuestras relaciones cercanas, podemos aislarnos accidentalmente de un componente crucial de nuestro crecimiento personal. Vemos este contraste revelado en la visita de Jesús a dos de sus amigas:

Mientras iba de camino con sus discípulos, Jesús entró en una aldea, y una mujer llamada Marta lo recibió en su casa. Tenía ella una hermana llamada María que, sentada a los pies del Señor, escuchaba lo que él decía. Marta, por su parte, se sentía abrumada porque tenía mucho que hacer. Así que se acercó a él y le dijo: «Señor, ¿no te importa que mi hermana me haya dejado sirviendo sola? ¡Dile que me ayude!».

«Marta, Marta», le contestó Jesús, «estás inquieta y preocupada por muchas cosas, pero solo una es necesaria. María ha escogido la mejor, y nadie se la quitará» (Lucas 10:38-42).

Date cuenta de que Marta estaba enfocada en servir a Jesús, pero no estaba enfocada en Jesús; no estaba con él, no estaba platicando o escuchándolo simplemente sentada con él. María, por otra parte, no se preocupó por los preparativos porque quería enfocar toda su atención en el precioso y limitado tiempo que tenía con su amigo. Sus distintas elecciones nos recuerdan que nuestros verdaderos amigos no quieren evaluar nuestra habilidad para cocinar; más bien quieren simplemente conectarse con nosotros.

Conectarte requiere de tiempo y atención. El año pasado viajé con un grupo de amigos a Escocia en donde disfrutamos jugando golf en *St. Andrews*, uno de los campos de golf más antiguo y emblemático del mundo. Si bien la oportunidad de jugar en ese campo especial fue maravillosa, lo que más disfruté fue el tiempo que pasé con mis amigos ¡cuando no estábamos jugando golf!

La mejor parte fueron nuestras comidas juntos. Comíamos y simplemente nos sentábamos a platicar. Pasamos horas disfrutando comida deliciosa y conversando de nada y de todo; nuestra relación con Dios, nuestra familia, nuestras luchas y sueños. Nos inspiramos y desafiamos unos a otros a seguir creciendo, a seguir dando todo lo que tenemos, a confiar en Dios más que nunca.

De la misma forma en que una planta necesita agua, sol y nutrientes de la tierra para crecer, nosotros requerimos varios elementos clave para crecer espiritualmente. Conforme cultivamos una relación con Dios más profunda pasando tiempo con él, también nos enfocamos en áreas que contribuyen a una vida sana y balanceada. Vemos estas áreas ejemplificadas en la forma en que Jesús creció: en sabiduría, en estatura, en favor con Dios y con los demás; y este modelo sigue sirviendo para nuestro camino espiritual.

Si no estamos creciendo, entonces nos estamos resignando al estancamiento, la apatía y a una vida menoscabada; ¡pero esa no es la intención de Dios para con sus hijos! Jesús nos dijo que vino a traernos vida plena, rebosante de gozo, paz, pasión y propósito. No importa en dónde estemos en nuestro camino espiritual, ¡Dios siempre nos da espacio para crecer!

TU SIGUIENTE PASO EN EL CAMINO

Pertúrbanos, Señor, cuando estemos muy complaci-
dos con nosotros mismos, cuando nuestros sueños
se hayan hecho realidad porque soñamos muy poco,
cuando hayamos llegado a salvo porque navegamos
muy cerca de la orilla.

—Sir Francis Drake, 1577

No tenemos que ser exploradores del mundo como Sir Francis Drake para disfrutar la aventura del crecimiento personal. He descubierto que estoy más feliz cuando estoy consciente de que estoy siendo intencional en cuanto a mi crecimiento; cuando estoy persiguiendo una nueva meta, saliendo de mi zona de confort o practicando una nueva disciplina. Disfruto crecer activamente en mi fe.

Años atrás comencé una práctica que aprendí de otro pastor. Una vez al mes, tomo un retiro personal de un día para evaluar lo que está sucediendo en todas las áreas de mi vida. Al igual que con los motores de los autos y el cuidado del hogar, el mantenimiento preventivo es mucho más fácil que las reparaciones a gran escala. Así que cada mes reviso doce diferentes áreas de mi vida, algo así como los indicadores de un auto en el tablero, y me califico a mí mismo en cada una. Luego escribo una frase de cómo puedo mejorar en esa área en el mes siguiente. Estas son las doce áreas en las que me enfoco:

1. **Vida de fe:** ¿Cómo está mi relación con Dios?

2. **Vida matrimonial:** ¿Cómo está mi relación con Tammy?

3. **Vida familiar:** ¿Cómo están mis relaciones con mis hijos y mi familia inmediata?

4. **Vida en la oficina:** ¿Cuánto tiempo paso ahí y qué tan efectivo es ese tiempo?

5. **Vida de computadora:** ¿Cómo puedo seguir siendo productivo y pasar menos tiempo en ella?

6. **Vida de ministerio:** ¿Cómo puedo tocar la vida de los demás? ¿En dónde debo dar?

7. **Vida financiera:** ¿Cómo están mis finanzas personales?

8. **Vida social:** ¿Cuándo estoy pasando tiempo conversando con mis amigos?

9. **Vida actitudinal:** En general, ¿cuál ha sido mi actitud últimamente?

10. **Vida creativa:** ¿Estoy soñando? ¿Escribiendo?

11. **Vida física:** ¿Estoy cuidando mi cuerpo y mi persona física?

12. **Viajes:** ¿Cómo equilibro el tiempo que estoy fuera con el tiempo en la casa y la iglesia?

No tienes que revisar las mismas doce áreas, pero te animo a analizar tu vida y a hacer una lista de las áreas más importantes que consuman la mayor parte de tu tiempo en este momento. Enuméralas y califícate a ti mismo del uno al diez para ver cómo vas en cada una; el uno es: «nada bien» y diez es: «genial, no podría ser mejor». ¿Qué patrones notas? ¿Cuáles áreas están floreciendo? ¿Cuáles necesitan atención crítica de inmediato? Haz una cita contigo mismo para revisar tu lista y actualiza tu crecimiento en el mes siguiente.

Recuerda que la felicidad es crecimiento, ¡así que nunca dejes de crecer!

HAZ UNA DIFERENCIA

Conforme nuestros cinco hijos adultos han seguido extendiendo sus alas, nuestra familia trata de reunirse por lo menos una vez al mes para comer todos juntos. Dos de nuestros hijos todavía viven en nuestra casa, tres están casados y estamos bendecidos con cinco nietos, así que lograr estar todos en un lugar a la misma hora puede ser todo un desafío. Usualmente nos reunimos en alguno de los restaurantes favoritos de mis hijos, porque ellos saben que su papá va a pagar. A mi esposa y a mí nos gusta hacerlo porque estamos comprometidos a mantener conectada a la familia.

Recientemente todos nos pusimos de acuerdo en reunirnos en un restaurante de comida china y el lugar estaba lleno. Afortunadamente Tammy había hecho una reservación, así que no tuvimos que esperar a que nos dieran una mesa, pero el servicio estaba inusualmente lento. Déjame decirte: Yo puedo ser fácilmente un consumidor demandante como cualquiera, pero esa noche tenía un humor diferente. Me sentía satisfecho con solo disfrutar el tiempo juntos para platicar y ponernos al día todos, esperando pacientemente para ordenar nuestra comida.

Cuando finalmente llegó nuestra mesera, se veía especialmente agitada. Su cara mostraba ese: «Tengo demasiadas mesas», que todos hemos visto antes. Sentí empatía por ella y le dije: «No tenemos prisa, así que no se preocupe por nosotros. Vaya y atienda a las demás mesas». Tammy y los muchachos me vieron como si me hubiera vuelto loco, y nuestra mesera se mostró igual de sorprendida; pero sentí que ella necesitaba que alguien se interesara en su persona, en un lugar donde casi todos tienden a interesarse solo en sí mismos. Me dio las gracias, pero procedió a tomarnos la orden.

Mientras dos o tres diferentes conversaciones empezaron en nuestra mesa, mi mente persistió en nuestra mesera. Me pregunté cómo sería su vida. Tal vez tenía varios empleos para poder estudiar en la universidad. Tal vez era una mamá soltera que se preocupaba por proveer para sus hijos. Tal vez estaba sucediendo algo en su vida personal. O tal vez simplemente estaba exhausta por un turno muy largo en una noche atareada. Por alguna razón, quería mostrarle amabilidad y compasión. Quería que supiera que alguien, aunque fuera solo un cliente, se interesaba en ella.

Poco después de que llegó la comida, ella se acercó para ver si todo estaba bien, pero yo revertí la atención hacia ella y le pregunté: «¿Se encuentra usted bien?».

Ella me miró con una expresión de desconcierto.

«Soy pastor», le dije, rehusándome a perder el contacto visual.

Sus ojos se llenaron de lágrimas inmediatamente. Luego recuperó su compostura y antes de escabullirse a otra mesa, dijo: «Solo ore por mí». Asentí que lo haría, sabiendo que estaba totalmente comprometido a hacerlo. Claramente algo estaba cargando su corazón.

Después de que mi familia acabó con los rollos de lechuga, el pollo Kung Pao y el arroz frito suficientes como para alimentar a un ejército, pedí la cuenta, sintiéndome impulsado a dejar una propina generosa a pesar del servicio lento. De hecho, quería dejar una propina que llamara su atención. Una tan generosa que pensara que había sido un error. Ahora, no pienses que soy un gran despilfarrador porque normalmente dejo el mismo porcentaje que la mayoría de la gente.

Como era de esperarse, cuando nos estábamos levantando de la mesa, ella vino apresurada hacia mí con la libreta de piel de la cuenta en su mano. «Señor, creo que se equivocó», dijo ella abriendo la cuenta para mostrarme la cantidad que asumió que era un error.

Sonreí y le dije: «No, está bien eso es para usted».

Nuevamente lágrimas amenazaron con brotar de sus ojos. «¿Por qué?». Preguntó ella.

«Dios quería que le dijera que la ama».

«No tiene idea de lo que esto significa», dijo en voz baja antes de darse la vuelta y alejarse.

Esperaba que el dinero que dejé fuera una bendición para ella, pero darme cuenta de que Dios me había dado a mí el privilegio de dejárselo fue una bendición personalmente. Camino a casa esa noche sentí una increíble sensación de realización. Recordé que todos estamos aquí en esta tierra para ministrarnos unos a otros. Dios nos llama a cada uno de nosotros a ser agentes de su sanidad en un mundo roto. Si estamos dispuestos a escuchar y poner atención, él nos revela estas oportunidades todos los días.

El propósito de la vida es descubrir tu don.

El significado de la vida es entregar tu don en beneficio de los demás.

GOZO COMPLETO

Con más de siete mil millones de personas en el planeta, Dios me escogió a mí para marcar la diferencia en la vida de uno de sus preciosos hijos: una mesera en un restaurante lleno. Muy fácilmente podría haberme frustrado e impacientado, como con frecuencia sucede, pero por alguna razón esa noche yo estaba consciente de que quería sorprender a alguien con un destello del amor de Dios. No pude resolver todos sus problemas ni convertirme en su consejero, pero pude dejar una propina lo suficientemente generosa como para atraer su atención.

Este es el privilegio que todos tenemos: servirnos unos a otros y marcar la diferencia. Jesús dijo: «En esto es glorificado mi Padre: en que lleven mucho fruto y sean mis discípulos.... Estas cosas les he hablado para que mi gozo esté en ustedes y su gozo sea completo» (Juan 15:8, 11 RVA-2015). Date cuenta de que no es solo un mandamiento del Señor; es una receta para el gozo y la alegría duradera.

El gozo verdadero no viene al ganar mucho dinero.
El gozo verdadero no viene al tener mucho placer físico.
El gozo verdadero no viene al poseer muchas cosas materiales.
El gozo verdadero viene al saber que tu vida es productiva.
¡El gozo verdadero brota de saber que estás haciendo una diferencia para la eternidad!

Saber que estás viviendo el propósito que Dios te dio y que estás haciendo una diferencia en la vida de otra gente por toda la eternidad, cambia tu enfoque. Empiezas a vivir más allá de ti mismo y de tu propio confort y conveniencia. Te conviertes en un conducto del amor de Dios, de su gracia, misericordia y generosidad: «Dios, de su gran variedad de dones espirituales, les ha dado un don a cada uno de ustedes. Úsenlos bien para servirse los unos a los otros» (1 Pedro 4:10 NTV).

La gente generosa es gente feliz. La palabra griega *makarios* a veces es traducida como «bienaventurados», pero literalmente significa «feliz». Este sentimiento no es solo una reacción emocional, también es física. Hace algunos años leí un artículo en el *Wall Street Journal* que reportaba que un estudio médico había descubierto que los actos de generosidad liberan neuroquímicos en nuestro cerebro que producen placer. [7] ¡Dios creó nuestros cuerpos para que disfrutemos dar a otros! «El generoso prosperará, y el que reanima a otros será reanimado» (Proverbios 11:25 NTV).

Tú eres parte del plan de Dios.

Tú puedes marcar la diferencia.

¡Es por eso que estás aquí!

CAPÍTULO DIEZ

CORAZÓN DE SIERVO

EL MEJOR DE TODOS
LOS TIEMPOS

«No, no estoy de acuerdo. ¡Nadie se acerca siquiera a Jack Nicklaus en su mejor momento!».

«¡Pero compara el número de títulos de torneo y Tiger tiene que ser el mejor!».

«¡Los dos están equivocados! ¡Sin duda es Arnold Palmer!».

No puedo decirte con cuánta frecuencia he escuchado, y algunas veces participado, en conversaciones como estas saliendo del campo de golf. Es la clase de debate que frecuentemente escuchas entre los amantes del deporte. Ya sea motivados por amor al juego o por una apreciación del talento y nivel de experiencia necesarios para ganar –campeonatos, torneos, títulos y premios por ser el jugador más valioso (MVP por sus siglas en inglés)– la mayoría de los aficionados son rápidos para defender su selección para «El mejor de todos los tiempos» GOAT [por sus siglas en inglés The Greatest of all Time].

El debate con frecuencia incluye un repaso del talento asombroso de atletas actuales comparados con estrellas del pasado. ¿Quién es la mejor en la cancha de tenis, Martina Navratilova o Serena Williams? En el *ring* de box, ¿te vas por Muhammad Ali o por Floyd Mayweather? ¿LeBron James o Michael Jordán? ¿Cristiano Ronaldo o Pelé? ¿Joe Montana o Tom Brady? Las comparaciones siguen y siguen, pero estos debates nunca se resolverán.

La gran mayoría de nosotros no tendremos que preocuparnos jamás por ser el mejor atleta profesional. Sin embargo, puedes preguntarte cómo fue que perdiste contra algunos de la oficina, tu departamento o equipo. Tal vez incluso luchas con compararte a ti mismo con otros de tu vecindario, escuela o iglesia. Si bien todos luchamos en busca de reconocimiento de quienes somos y lo que hacemos, en la vida no hay debate acerca de quién es el mejor.

Jesús lo resolvió de una vez y para siempre.

EL PRIMERO SERÁ EL ÚLTIMO

Querer ser reconocido como una persona muy importante no es nada nuevo. Aun los discípulos de Jesús discutían acerca de quién sería el más importante entre ellos. La mayoría probablemente esperaba que Jesús derrocara la ocupación romana de Israel y estableciera un nuevo gobierno. Al igual que los protagonistas políticos de hoy, los discípulos entonces empezaron a competir por el poder. Querían un rol importante en lo que asumieron sería el nuevo gobierno una vez que Jesús fuera rey. Lo que hace que me pregunte si estaban confundidos por la orden contradictoria que les había dado su Maestro:

> Así que Jesús los llamó y les dijo: «Como ustedes saben, los que se consideran jefes de las naciones oprimen a los súbditos, y los altos oficiales abusan de su autoridad. Pero entre ustedes no debe ser así. Al contrario, el que quiera hacerse grande entre ustedes deberá ser su servidor, y el que quiera ser el primero deberá ser esclavo de todos. Porque ni aun el Hijo del hombre vino para que le sirvan, sino para servir y para dar su vida en rescate por muchos» (Marcos 10:42-45).

Tanto las autoridades religiosas judías como el gobierno romano en el tiempo de Jesús estaban basados en jerarquías de poder. Entonces, como ahora, la gente abusaba de su autoridad y con frecuencia manipulaba a los demás para favorecer sus intereses personales; muchas veces por dinero o más poder. Aquellos que estaban a cargo decidían lo que el resto de los ciudadanos tenía que hacer para sobrevivir.

Con esta clase de mentalidad, junto con la expectativa de que Jesús gobernaría un reino terrenal, los seguidores de Jesús probablemente esperaban ansiosos su turno para cambiar el sistema. Pueden incluso haber tenido buenas intenciones, esperando corregir las injusticias pasadas. Así que cuando Jesús les dijo que los líderes más importantes deben ser los mayores siervos, incluyéndose a sí mismo como un ejemplo, esas palabras debieron haberles volado la cabeza. No solo no tendrían posiciones en el gobierno o como autoridades religiosas, ¡ahora estaban llamados a servir a todos los demás!

Este diálogo no fue un incidente aislado. Vez tras vez Jesús les enseñó a sus discípulos este importante principio, incluso lo enseñó una última vez antes de ir a la cruz. Vamos a tomar la historia en Juan 13.

> Se acercaba la fiesta de la Pascua. Jesús sabía que le había llegado la hora de abandonar este mundo para volver al Padre. Y habiendo *amado* a los suyos que estaban en el mundo, los *amó* hasta el fin (verso 1, énfasis del autor).

Antes de que Jesús les mostrara a sus seguidores el alcance de su amor al morir en la cruz, lo demostró de otra manera. La noche antes de que fuera crucificado, Cristo y sus discípulos se reunieron para comer la Pascua, lo que se conoció como la Última Cena. Como parte de la cortesía de cualquier anfitrión para sus invitados, usualmente un sirviente o un esclavo era designado para lavarles los pies a todos.

Solo que esta vez ninguno de los discípulos se había ofrecido de antemano para hacerlo, y tampoco habían hecho ningún arreglo para que llegara un sirviente a lavarles los pies. Nadie quería hacer esa tarea tan aleccionadora, discutible y *humillante* de remojar y enjabonar pies sucios (recuerda que la gente de ese tiempo normalmente utilizaba sandalias, o andaba descalza). Lavar los pies era la tarea con menor pago en ese tiempo, incluso los sirvientes pensaban que era algo desagradable. Como ninguno de los discípulos estaba dispuesto a hacerlo, decidieron pasar directo al momento de comer la Pascua. Sin embargo, la tensión persistía y se derivó en una discusión sobre quién entre ellos sería el más importante.

Podemos solo imaginarnos cómo debió sentirse Jesús al ver a sus amigos más cercanos riñendo entre ellos. Casi podemos suponer que estaba pensando: *¿No han aprendido nada al haber estado conmigo?* Algunos de los discípulos incluso sugirieron involucrar a su mamá a fin de presionar a Jesús para que los reconociera como los más importantes. Sin embargo, debajo de la superficie de toda esta disputa y competencia por el poder, Jesús sabía que uno de ellos, Judas, estaba a punto de traicionarlo. Cristo también sabía que Pedro lo iba a negar en las siguientes veinticuatro horas.

Mientras los discípulos continuaron comiendo, discutiendo y queriendo superarse unos a otros, Jesús se levantó silenciosamente, se quitó el manto exterior, consiguió una vasija de agua y una toalla, y empezó a lavarles los pies. Algunos como Pedro protestaron y se negaron a permitir que Jesús lo hiciera, pero su Maestro dejó muy claro que si verdaderamente lo amaban y lo consideraban su Señor, entonces tenían que recibir ese don de servicio que Jesús estaba llevando a cabo.

Jesús luego les reveló que estaba estableciendo un ejemplo para ellos: «Pues, si yo, el Señor y el Maestro, les he lavado los pies, también ustedes deben lavarse los pies los unos a los otros. Les he puesto el ejemplo, para que *hagan lo mismo que yo he hecho con ustedes*» (versos 14-15, énfasis del autor). Jesús abiertamente llamó a sus seguidores, en ese entonces y ahora a cada uno de nosotros, a una vida de servicio. Debemos ser los primeros en actuar, en servir, en hacer lo que nadie más esté dispuesto a hacer.

Nuestro ejemplo no es solo para establecer un punto. Cuando servimos, recibimos el beneficio escondido de dar a los demás. Jesús lo explicó: «¿Entienden esto? Dichosos serán si lo ponen en práctica» (verso 17). No solo nos beneficiamos al dar todo lo que podemos dar, también tenemos el privilegio de acercarnos más a Cristo y el ejemplo que nos dio. ¡Mientras más sirvamos, más vamos a querer servir!

SERVIR PARA MAGNIFICAR

Si el servicio es un sello distintivo del creyente, entonces debemos entenderlo bien. Aunque puede parecer muy sencillo a primera vista, realmente hay siete palabras griegas distintas en el Nuevo Testamento para la palabra *siervo*. Vamos a considerar tres de ellas que arrojan más luz sobre este aspecto tan singular de nuestra fe.

Abordando a sus discípulos, Jesús usó el término que significa literalmente «esclavo», que viene de la palabra griega *doulos*: «Entonces se sentó, llamó a los doce y les dijo: "Si alguno quiere ser el primero deberá ser el último de todos y el siervo de todos"» (Marcos 9:35 RVA2015). En el contexto cultural de ese tiempo, un siervo era alguien que tenía un lazo. Eran personas que estaban tan endeudadas que se veían forzadas a convertirse en siervos de sus acreedores. Aunque la ley judía les permitía servir solo siete años, muchos de estos esclavos se apegaban a sus amos y continuaban trabajando para ellos después de ese tiempo. Muchos, para indicar su devoción a ellos por toda la vida, se perforaban las orejas con un punzón. Por consiguiente, se nos recuerda que nuestra devoción a Dios es un compromiso de por vida.

En el relato de otro evangelio, se usa la palabra griega *diakonos*: «El que quiera hacerse grande entre ustedes deberá ser su servidor, y el que quiera ser el primero deberá ser esclavo de los demás» (Mateo 20:26-27). Este uso se traduce literalmente como «diácono» más que «siervo» y se refiere originalmente a los siete hombres que fueron asignados a servir las mesas en las comidas y los días de celebración. Como los meseros de un restaurante, estos diáconos se aseguraban de que los invitados tuvieran una experiencia maravillosa. Este concepto nos recuerda que hay que quitar el enfoque de nosotros mismos y servir a la gente que está a nuestro alrededor.

Finalmente, encontramos una de mis palabras griegas favoritas *huperetes* que se traduce como «remero subordinado». Lo vemos aplicado cuando Pablo describe su propia experiencia de conversión: «Ahora, ponte en pie y escúchame. Me he aparecido a ti con el fin de designarte siervo y testigo de lo que has visto de mí y de lo que te voy a revelar» (Hechos 26:16).

Un *remero subordinado* se refiere a la clase de siervos y esclavos que trabajaban en los barcos romanos, usualmente como remeros para impulsar la embarcación. Tal vez recuerdas que en *Ben Hur* los esclavos encadenados a los remos bajo la cubierta principal podían «remar y vivir». Estos remeros subordinados permanecían en el anonimato, eran la fuerza oculta que impulsaba el navío; un recordatorio de que nuestra meta es magnificar a Jesús, no a nosotros mismos. Lo hacemos cuando ayudamos a otros a brillar sin pretender ningún crédito.

¿Por qué es que me gustan estas formas de servicio especialmente? Porque concuerdan entre sí para recordarnos lo que significa ser un siervo verdadero: ¡un compromiso de por vida de servir a la gente en su necesidad de tal forma que magnifique a Jesús!

CORAZÓN DE SIERVO

Si bien ser siervo no es fácil, nada es más hermoso que ver gente darse a sí misma para responder ante las necesidades de otros. Como la directora general que se sube las mangas y se pone a pegar sobres en la oficina postal para echarle la mano al practicante abrumado por semejante tarea. O el joven adolescente dispuesto a cortar el pasto o quitar la nieve de la banqueta de su vecino anciano sin que nadie se lo pida. La pareja dispuesta a sacrificar sus muy anheladas vacaciones, para ayudar a servir comida en un albergue de su ciudad devastada por un huracán.

Cuando ves a alguien sirviendo como Jesús, eres inspirado a hacer lo mismo. Aunque no hay una fórmula para hacer crecer tu disposición a servir, he notado algunos rasgos que comparten la mayoría de quienes sirven como Jesús. Cada una de estas cualidades refleja una faceta diferente de la bondad de Dios y el amor sacrificial de Jesús. Cada uno nos recuerda quitar los ojos de nosotros mismos, dejar de darnos importancia y no mirar primero nuestras propias necesidades y deseos. En vez de eso, vemos las necesidades a nuestro alrededor y damos todo lo que tenemos para proveer lo que Dios tan generosamente ha provisto para nosotros.

1. UN SIERVO PONE EL SERVICIO ANTES QUE EL ESTATUS.

Todos tenemos que luchar en contra de la atracción gravitacional hacia el egoísmo; es naturaleza humana. Ya sea un bebé llorando por alimento, o un gerente de oficina manipulando a otros por una promoción, todos queremos lo que queremos cuando los queremos. Para ser siervos efectivos de impacto, usualmente tenemos que pelear contra esta tendencia de enfocarnos en nuestros propios intereses. La Biblia nos dice: «No hagan nada por *egoísmo* o vanidad; más bien, con humildad consideren a los demás como *superiores a ustedes mismos*. Cada uno debe velar no solo por sus propios intereses, sino también por los *intereses de los demás*» (Filipenses 2:3-4, énfasis del autor).

Los siervos saben que lo que están haciendo no se trata de ellos, sino de los demás. Siguiendo el ejemplo de Jesús, no servimos para recibir crédito o alabanza, mejorar nuestras relaciones públicas o tener una sesión de fotos. De hecho, la mayoría de los siervos prefiere trabajar anónimamente, como los remeros subordinados, detrás de la escena donde nadie vea lo que estén haciendo. No quieren que sus nombres se mencionen ni que su actuación sea notada.

Trabajando hacia esa meta, tratamos de tener un balance en nuestra iglesia, entre tener presencia en nuestra comunidad para que la gente sepa lo que hacemos, y abstenernos de alardear de la manera en que damos, servimos y contribuimos. Queremos que todo lo que hagamos sea para la gloria de Cristo, no para la gloria de *Church of the Highlands*, y desde luego, no para la gloria de Chris Hodges o cualquier otro individuo o grupo.

2. UN SIERVO PONE EL CARÁCTER ANTES QUE LA COMODIDAD.

Los siervos verdaderos de Jesús tienen integridad. Toman decisiones que brotan de su obediencia a la Palabra de Dios, de su conciencia y los impulsos del Espíritu Santo. Hacen lo que es correcto, no lo cómodo, lo conveniente o lo fácil. En realidad, los buenos siervos saben la verdad: ¡servir *nunca* es conveniente!

Jesús contó una parábola donde lo pone de manifiesto con letras mayúsculas. La historia del buen samaritano gira completamente alrededor de esto:

«Un hombre iba por el camino de Jerusalén a Jericó, y unos bandidos lo asaltaron y le quitaron hasta la ropa; lo golpearon y se fueron, dejándolo medio muerto. Por casualidad, un sacerdote pasaba por el mismo camino; pero al verlo, dio un rodeo y siguió adelante. También un levita llegó a aquel lugar, y cuando lo vio, dio un rodeo y siguió adelante. Pero un hombre de Samaria que viajaba por el mismo camino, al verlo, sintió compasión. Se acercó a él, le curó las heridas con aceite y vino, y le puso vendas. Luego lo subió en su propia cabalgadura, lo llevó a un alojamiento y lo cuidó. Al día siguiente, el samaritano sacó el equivalente al salario de dos días, se lo dio al dueño del alojamiento y le dijo: "Cuide a este hombre, y si gasta usted algo más, yo se lo pagaré cuando vuelva". Pues bien, ¿cuál de esos tres te parece que se hizo prójimo del hombre asaltado por los bandidos?». El maestro de la ley contestó: «El que tuvo compasión de él». Jesús le dijo: «Pues ve y haz tú lo mismo» (Lucas 10:30-37 DHH).

Me encanta lo que señaló el doctor Martin Luther King Jr. de esta parábola. Tanto el sacerdote como el levita se preguntaron: «Si me detengo a ayudar a este hombre, ¿qué obtendré *yo*? ¿Cuál es el costo de que atienda esta necesidad? Solo estaban pensando en su conveniencia. El buen samaritano, sin embargo, revirtió la pregunta: «¿Qué le pasará a este hombre si no me detengo a ayudarlo?».

¿Alguna vez has pensado eso? ¿Te enteras de algún problema o necesidad, y simplemente no puedes seguir viviendo sin hacer nada?

Pienso en personas como Lee y Laura Domingue, que viajaron al extranjero al enterarse de los horrores del tráfico humano. Simplemente no podían tener paz sabiendo de las atrocidades que enfrentaban mujeres, hombres y niños al ser vendidos alrededor del mundo. Así que los Domingue empezaron a hacer lo que podían hacer: aliarse con otros ministerios y organizaciones sin fines de lucro. Su pasión por acabar con este problema con el tiempo los llevó a crear su propia organización sin fines de lucro llamada *Trafficking Hope* (www.traffickinghope.com).

Tal vez tú, simplemente no soportas la idea de que haya gente con hambre en tu ciudad. O basado en tus luchas del pasado y lo que has aprendido, ahora tienes una carga por ayudar a los demás a salir de sus deudas. No importa lo que sea, cuando descubres una necesidad, un asunto, problema, una injusticia que te rompe el corazón, tienes la oportunidad de ser un buen samaritano. Poner a Cristo antes que tu conveniencia. Poner a otros antes que tú.

Deja de preguntarte qué vas a perder o cuánto te va a costar ayudar a alguien. Empieza a preguntarte qué le pasará a esa persona si no la ayudas. Si tú no lo haces ¿quién lo hará?

3. UN SIERVO PONE «NOSOTROS» ANTES QUE «YO».

Algunas veces ser siervo como Cristo significa colaborar en vez de hacer algo tú solo. Esto puede ser difícil, especialmente si eres una persona independiente, del tipo autosuficiente que le gusta encargarse de que las cosas se hagan. Tu lema es: «Si quieres que algo se haga bien, ¡hazlo tú mismo!». Sin embargo, en vez de tratar de hacer todo tú solo, probablemente vas a tener que aprender a ser parte de un equipo.

Como dijimos anteriormente, ninguna parte del cuerpo puede existir independientemente de las demás. Todas las partes funcionan juntas como un todo. Esto es especialmente cierto para el cuerpo de Cristo y nuestra capacidad de lograr más juntos que individualmente: «Todos los creyentes estaban *juntos* y tenían todo *en común*: vendían sus propiedades y posesiones, y compartían sus bienes entre sí según la necesidad de cada uno» (Hechos 2:44-45, énfasis del autor).

Sencillamente no hay forma en que mi familia y yo, o cualquier otra persona que conozca, pudieran tener por sí solas la clase de impacto que estamos creando al reunirnos como iglesia. Me alegra tanto ser parte de esta iglesia, de esta comunidad, de esta familia de creyentes que quiere reunir recursos para hacer juntos lo que nunca podríamos hacer solos.

4. UN SIERVO PONE LA ADORACIÓN ANTES QUE LOS BIENES.

Esta última cualidad de un verdadero siervo es la que más me motiva. Nos desafía a ser mayordomos y a usar lo que tenemos por el bien de otros y la gloria de Dios. En la escritura leemos:

«Cuando el Hijo del hombre venga en su gloria, con todos sus ángeles, se sentará en su trono glorioso. Todas las naciones se reunirán delante de él, y él separará a unos de otros, como separa el pastor las ovejas de las cabras. Pondrá las ovejas a su derecha, y las cabras a su izquierda. Entonces dirá el Rey a los que estén a su derecha: "Vengan ustedes, a quienes mi Padre ha bendecido; *reciban su herencia*, el reino preparado para ustedes desde la creación del mundo. Porque tuve hambre, y ustedes me dieron de comer; tuve sed, y me dieron de beber; fui forastero, y me dieron alojamiento; necesité ropa, y me vistieron; estuve enfermo, y me atendieron; estuve en la cárcel, y me visitaron"» (Mateo 25:31-36, énfasis del autor).

Date cuenta de lo increíblemente práctico que es Jesús aquí. Como sus seguidores, nosotros tomamos nuestra herencia y la usamos para suplir las necesidades a nuestro alrededor. Si vemos que alguien tiene hambre, lo alimentamos. Si alguien tiene sed, le damos algo de beber. Si están enfermos, los cuidamos. Cualquiera que sea la necesidad que esté frente a nosotros, estamos llamados a satisfacerla, y debido a que satisfacemos las necesidades de otras personas, también estamos sirviendo a Dios:

«Y le contestarán los justos: "Señor, ¿cuándo te vimos hambriento y te alimentamos, o sediento y te dimos de beber? ¿Cuándo te vimos como forastero y te dimos alojamiento, o necesitado de ropa y te vestimos? ¿Cuándo te vimos enfermo o en la cárcel y te visitamos?". El Rey les responderá: "Les aseguro que todo lo que hicieron por uno de mis hermanos, *aun por el más pequeño*, lo hicieron por *mí*"» (versos 37-40, énfasis del autor).

No solo lo hacemos por la persona a quien estamos sirviendo, lo hacemos por el Señor. Como siervos, nos damos cuenta de que podemos tomar lo que tenemos: nuestro tiempo, nuestro dinero y nuestras posesiones, y usarlos para bendecir a otros. No solo estamos satisfaciendo sus necesidades y bendiciéndolos, también estamos adorando la fuente de nuestro amor, nuestra generosidad y nuestra provisión. Servir es una de las formas más supremas de adoración.

He recordado esta verdad al ver crecer a mis hijos. Como muchos hermanos, mis hijos con frecuencia se han molestado y peleado por cosas tontas. Sin embargo, aun cuando la relación entre ellos se volvía tensa, continuaban amando a su mamá y a mí. Por consiguiente, al hacerse mayores se han dado cuenta de que cuando se aman entre ellos, también están amando a sus padres. ¡Han aprendido que no pueden amarme a mí sin amar a la gente que amo!

Servir a los demás es servir a Dios.

La forma en que sirves es la forma en que adoras.

TU SIGUIENTE PASO EN EL CAMINO

Si quieres que tu fe crezca, entonces comprométete a servir. No tiene que ser en algo grande, dramático o profundo; de hecho, es mejor que no lo sea. Simplemente necesitas encontrar una necesidad y suplirla, o encontrar una herida y sanarla. Si no estás seguro de qué puedes hacer, pregunta en tu iglesia local o en tu escuela; también puedes preguntar en un banco de alimentos, un refugio o un asilo. Descubre cómo puedes ser las manos y los pies de Jesús para la gente de tu comunidad.

Ten disposición para hacer lo que sea necesario sin resistirte, quejarte o darle tantas vueltas. Sé quien haga lo que otros no estén dispuestos a hacer; lava pies, rema bajo cubierta, sé un siervo de amor. Ve a un hospital y léeles algo a los niños. Limpia ventanas y cocinas de ancianos. Sé tutor de adolescentes que necesiten ayuda con su gramática. Prepara una comida para alguien que esté lidiando con una crisis familiar. Colecta abrigos, sombreros y guantes para los indigentes de tu área. Con el acceso que tenemos a internet y redes sociales, la mayoría no tenemos excusa para no encontrar una necesidad que atender.

Lo que decidas hacer, hazlo como un acto de adoración, como una ofrenda a Dios. Bendice a los que están a tu alrededor y tómalo como una oportunidad para reflexionar sobre las muchas bendiciones que tienes. Da de ti mismo sin esperar nada a cambio.

Igual que Jesús.

CAPÍTULO ONCE

RECOMPENSA ETERNA

TESOROS EN EL CIELO

Me chocan los exámenes.

Al ir creciendo en la escuela, me di cuenta de que era más inteligente de lo que revelaban mis calificaciones. Casi siempre que iba a tener un examen en el bachillerato, y luego en la universidad, estudiaba y me preparaba hasta sentirme seguro. Aun después de los exámenes, con frecuencia me sentía cómodo con las respuestas que había dado hasta que me los devolvían con una calificación de C o D. Sabía la materia, estudiaba duro, y a pesar de eso no tenía un buen desempeño en la prueba. ¡Simplemente no tenía sentido!

Cuando empecé a asistir a la Universidad del Estado de Luisiana, tenía la esperanza de que mi experiencia con los exámenes sería diferente, pero fue justo lo contrario. Pronto detesté los exámenes más que nunca, especialmente los de opciones múltiples. Tal vez es simplemente mi personalidad o como pienso, pero podía armar un caso con casi todas las respuestas posibles que ofrecía el examen de opciones múltiples. Sentía que me habían mentido o incluso engañado cuando recibía mi calificación y veía las respuestas «correctas».

Finalmente, mi frustración pasó a ser útil durante el segundo año de la universidad. Un compañero de clase me dijo lo que aparentemente era un secreto muy conocido: la librería del campus vendía copias de exámenes anteriores de muchas de las clases principales. Por una pequeña cantidad, podía comprar una prueba anterior y ver el tipo de preguntas. Podía ver las perspectivas de los profesores y la forma en que querían que sus estudiantes analizaran el material. Algunas de las preguntas y los temas de ensayos incluso los reciclaban y aparecían en la misma prueba que yo estaba haciendo.

De ahí en adelante obtuve una A en cada prueba que hice. Mi promedio subió rápidamente a 4.0. Sabía lo que podía esperar, así que hacer una prueba era pan comido. Siempre es más fácil aprobar un examen cuando sabes lo que se requiere de ti.

PRUEBAS EN LA ETERNIDAD

Va a haber un examen en la eternidad y quiero que estés listo; pero no te estreses, no solo te voy a decir lo que abarca el examen, también te voy a dar las respuestas. De hecho, realmente hay solo dos exámenes o pruebas, dos momentos cuando vamos a ir delante de Dios y ser evaluados. Si no entiendes las dos pruebas y la diferencia entre ellas, entonces la Biblia te puede parecer confusa, e incluso contradictoria.

Estas pruebas reflejan lo que fue importante para nosotros durante nuestro tiempo aquí en la tierra. Revelan la forma en que invertimos nuestro tiempo, nuestros talentos y nuestro tesoro. ¿Derramamos todo lo que teníamos para construir un legado eterno y marcar la diferencia para el Reino de Dios? O desperdiciamos nuestros dones y perdimos oportunidades de bendecir a los demás cuando fuimos bendecidos.

LA PRIMERA PRUEBA

La primera prueba la van a tener todas las personas que han existido desde el inicio del tiempo hasta el último final; cada persona va a ir delante de Dios. A este encuentro con frecuencia se le llama: El Juicio del Gran Trono Blanco, basado en la visión profética de Juan registrada en Apocalipsis:

Luego vi un gran trono blanco y a alguien que estaba sentado en él. De su presencia huyeron la tierra y el cielo, sin dejar rastro alguno. Vi también a los muertos, grandes y pequeños, de pie delante del trono. Se abrieron unos libros, y luego otro, que es el libro de la vida. Los muertos fueron juzgados según lo que habían hecho, conforme a lo que estaba escrito en los libros (Apocalipsis 20:11-12).

Nota que aquí hay dos referencias distintas: una se refiere a «libros» (plural), y otra a «libro» (singular). Libros en plural, se refiere a donde se ha registrado todo lo que ha hecho cada persona, bueno o malo, correcto o incorrecto. Por supuesto, solo se necesita un error para ser imperfecto, impío, pecador. Cada pecado produce muerte y requiere de sacrificio, un precio que se debe pagar.

Sin embargo, libro en singular, el «libro de la vida», registra los nombres de aquellos que rindieron su vida a Jesús como Señor y Salvador. Él es el único que puede pagar por tu pecado, para que tú no tengas que hacerlo. Tu deuda es cancelada y tu relación con Dios es restaurada. Este libro también es conocido como el Libro de la Vida del Cordero, incluye los nombres de quienes aceptaron el don de la gracia. En lugar de recibir la sentencia de muerte eterna por tus pecados, experimentas vida nueva en Cristo.

Por lo tanto, la primera prueba en la eternidad es muy simple. Dios solo te va a hacer una pregunta, y sospecho que va a ser algo como: «¿Qué hiciste con mi Hijo

Jesús?». Antes de explorar la respuesta que se requiere para aprobar el examen, vamos a ver algunas respuestas equivocadas.

«Oh, fui a la iglesia y canté todas esas canciones de alabanza que hablaban de Jesús».

«Leí la Biblia todos los días y estudié muchos libros acerca de la vida de tu Hijo».

«Bueno, Jesús realmente me inspiró. Fui voluntario mucho tiempo en ese ministerio urbano y di mucho dinero para ayudar a los necesitados».

Todas esas son respuestas incorrectas. ¿Te sorprende? Todas ellas incluyen cosas que es bueno hacer, pero ninguna de ellas refleja el único elemento central que Dios quiere que conozcamos. Aunque podemos ser tentados a pensar que seremos juzgados en base a lo que hacemos, Jesús dejó muy claro que no sería así:

> «No todo el que me dice: "Señor, Señor", entrará en el reino de los cielos, sino solo el que hace la voluntad de mi Padre que está en el cielo. Muchos me dirán en aquel día: "Señor, Señor, ¿no profetizamos en tu nombre, y en tu nombre expulsamos demonios e hicimos muchos milagros?". Entonces les diré claramente: "Jamás los conocí. ¡Aléjense de mí, hacedores de maldad!"» (Mateo 7:21-23).

Entonces, ¿cuál es la respuesta *correcta*? «Conozco a Jesús personalmente. Tenemos una relación cercana. Lo amo por lo mucho que él me amó primero. No soy digno; nadie lo es, pero soy un pecador salvado por gracia y gracia solamente».

Toda la eternidad se basa en una *relación* con Jesús, no en una religión.

Se trata de a quién conoces, no de lo que haces.

Si conoces a su Hijo personalmente, Dios te va a dar la bienvenida a su cielo.

Es así de simple.

LA SEGUNDA PRUEBA

Ahora vamos a la segunda prueba, y mucha gente se sorprende por ella. No se dan cuenta de que ocurre otro juicio después de entrar al cielo. Esta prueba es una evaluación de la forma en que vivimos nuestra vida y de lo que hicimos con lo que nos fue confiado: «Porque es necesario que todos comparezcamos ante el tribunal de Cristo, para que cada uno reciba lo que le corresponda, según lo bueno o malo que haya hecho mientras vivió en el cuerpo» (2 Corintios 5:10).

La palabra *juicio* puede sonar muy dura, pero esta prueba se trata más bien de una ceremonia de premiación. Es como el podio de las olimpiadas donde se revelan los resultados y se premia con medallas de bronce, plata y oro. Nadie va a estar triste ni desilusionado; será totalmente una celebración de lo que haya hecho cada uno para marcar la diferencia. Se nos dice: «Porque el Hijo del hombre ha de venir en la gloria de su Padre con sus ángeles, y entonces recompensará a cada persona según lo que haya hecho» (Mateo 16:27).

Jesús está emocionado de darte un premio por la forma en que viviste tu vida. Quiere repasar contigo tus obras y recompensarte de acuerdo a ellas. ««¡Miren que vengo pronto! Traigo conmigo mi recompensa, y le pagaré a cada uno según lo que haya hecho» (Apocalipsis 22:12).

Tal vez estás pensando: *Pero ¿no es suficiente el cielo como recompensa?* Es verdad, ciertamente lo es, pero la naturaleza de Dios es la esencia de la generosidad; sencillamente es quien es él.

Me imagino que la pregunta de Dios en esta segunda prueba será algo como: «¿Qué hiciste con todo lo que te di?». Me inclino a pensar que ese momento será similar a la forma en que volvió el señor de la casa, en la parábola de los talentos que contó Jesús (Mateo 25:14-30). Es la hora de rendir cuentas, el momento de revisar el rendimiento que obtuviste con los recursos de Dios. Él nos da un tanto de energía, tiempo, habilidades, oportunidades, ideas, talentos, dinero, relaciones, y más y más. Si bien, le encanta bendecirnos y quiere que disfrutemos sus regalos, él también espera utilidad de su inversión. Espera que potenciemos todo lo que nos confió para marcar la diferencia para la eternidad.

¿Te das cuenta? Todo lo que tenemos, todo lo que somos, es un regalo de Dios para usarlo para su gloria. La respuesta que tú y yo queremos dar un día es la misma que Dios quiere escuchar: «Usé todo lo que me diste para marcar la diferencia para la eternidad».

TODO LO QUE PERMANECE

Sinceramente espero que estés listo para la primera prueba, y si has llegado hasta este punto del libro, supongo que lo estás. No obstante, quiero desafiarte a considerar cómo te va a ir en la segunda. ¿Va a sobrevivir la obra de tu vida? Sin importar tu respuesta, si has aceptado a Jesús como tu Salvador aún te vas a ir al cielo; eso es un regalo gratuito que no puede ganarse. No obstante, así como obtener un postgrado, después de pasar la primera prueba debes sentirte más motivado para pasar la segunda. Pablo explica esto en su carta a los miembros de la iglesia primitiva en Corinto:

> En efecto, nosotros somos colaboradores al servicio de Dios; y ustedes son el campo de cultivo de Dios, son el edificio de Dios.
>
> Según la gracia que Dios me ha dado, yo, como maestro constructor, eché los cimientos, y otro construye sobre ellos. Pero cada uno tenga cuidado de cómo construye, porque nadie puede poner un fundamento diferente del que ya está puesto, que es Jesucristo. Si alguien construye sobre este fundamento, ya sea con

oro, plata y piedras preciosas, o con madera, heno y paja, su obra se mostrará tal cual es, pues el día del juicio la dejará al descubierto. El fuego la dará a conocer, y pondrá a prueba la calidad del trabajo de cada uno. Si lo que alguien ha construido permanece, recibirá su recompensa, pero, si su obra es consumida por las llamas, él sufrirá pérdida. Será salvo, pero como quien pasa por el fuego (1 Corintios 3:9-15).

¿Alguna vez has presenciado las repercusiones de un incendio grave? Tal vez recuerdas como yo, ver los restos carbonizados de bosques, casas y edificios después de los incendios mortales que ha experimentado nuestro país en los últimos años. Tantas cosas que han quedado reducidas a cenizas. Millones, si es que no miles de millones de dólares perdidos en posesiones materiales, haciendo de lo que sobrevivió al fuego algo mucho más valioso y apreciado.

El fuego que menciona la carta de Pablo similarmente tiene el poder de destruir, así como de revelar todo lo que permanece. «Pero el día del juicio, el fuego revelará la clase de obra que cada constructor ha hecho. El fuego mostrará si la obra de alguien tiene algún valor. Si la obra *permanece*, ese constructor recibirá una recompensa, pero si la obra se consume, el constructor sufrirá una gran pérdida. El constructor se salvará, pero como quien apenas se escapa atravesando un muro de llamas» (versos 13-15 NTV, énfasis del autor). Este pasaje explica la relación entre las dos pruebas. Si pasas la primera vas a llegar al cielo sin importar cómo sea evaluada la obra de tu vida; pero si pasas la segunda, si tu obra permanece en el cielo, vas a recibir la recompensa de Dios. Si hemos aceptado a Jesús en nuestra vida, entonces pasamos la primera prueba. Sin embargo, del grupo que aprobó, cada persona recibirá diferente recompensa basada en la forma como hayan invertido lo que Dios les dio.

Seamos personas que mantienen en mente ambas recompensas a medida que avancemos en la obra de Dios.

DA MÁS ALLÁ

Si quieres invertir en la eternidad y pasar la segunda prueba con honores, entonces nunca olvides el valor de lo que Dios te ha dado. Recuerda, lo que hacemos para nosotros usualmente muere con nosotros, pero lo que hacemos para otros vive más allá de nosotros.

La mejor manera de vivir tu vida es invertir en algo que dure más que tu tiempo en la tierra. Ten en cuenta la forma en que el salmista describe la clase de persona que hace esto: «Bien le va al que presta con generosidad, y maneja sus negocios con justicia. El justo será siempre recordado; ciertamente nunca fracasará» (Salmos 112:5-6). También, así es como el mismo salmista describe el legado de las personas justas: «Comparten con libertad y dan con generosidad a los necesitados; sus buenas acciones serán recordadas para siempre. Ellos tendrán influencia y recibirán honor» (verso 9 NTV).

Mantén en mente que no todo se trata de dinero. Puedes ser rico y generoso de muchas otras maneras. La Biblia lo deja muy claro: «Ustedes serán *enriquecidos en todo sentido* para que en *toda ocasión puedan ser generosos*, y para que por medio de nosotros la generosidad de ustedes resulte en acciones de gracias a Dios» (2 Corintios 9:11, énfasis del autor). Consideremos algunas de las maneras en que puedes practicar la generosidad con tus recursos para hacer un impacto eterno.

1. DA DE TU TIEMPO

Para la mayoría de nosotros, el tiempo es más valioso que el dinero. Todos pasamos nuestro tiempo de diferentes maneras, pero sospecho que todos dedicamos demasiado tiempo a actividades, eventos y relaciones sin mucho valor eterno. Si queremos que lo que hacemos hoy cuente para toda la eternidad, entonces debemos ser deliberados en cuanto a cómo invertimos nuestros segundos, minutos y horas.

Cada día, elige vivir de modo que ese día sea recordado en el cielo. Sirve en tu iglesia. Da algunas horas a proyectos comunitarios. Sé mentor de niños de tu vecindario. Haz amistad con alguien que no pueda salir mucho. Busca oportunidades diariamente para hacer que tu tiempo cuente para algo más que tu propia conveniencia, comodidad o placer.

Uno de mis días favoritos en nuestra iglesia es nuestro «Día de SERVIR». El primer sábado de cada mes, coordinamos la forma en que miembros de nuestra iglesia puedan salir a la comunidad a atender las necesidades de los demás. Cortamos pastos, reparamos casas, pintamos paredes, limpiamos parques, y hacemos todo lo que podamos para mostrar el amor de Jesús de maneras prácticas por toda nuestra región. Muchos de nuestros grupos pequeños participan unidos en nuestro «Día de SERVIR» para poder compartir la bendición de bendecir a los demás a través de su esfuerzo.

Estos esfuerzos requieren de tiempo; precioso tiempo libre en el día de descanso de la mayoría de la gente. Sin embargo, su tiempo se multiplica, se convierte en eternidad. Serán recompensados.

2. DA DE TU TALENTO

Hablamos de este tema antes, en el capítulo diez, así como en nuestra discusión del descubrimiento de tu propósito en la sección dos, pero ahora es un buen momento para considerar la forma en que tu propósito afecta directamente la vida de otros para el reino de Dios. ¡Lo que haces puede perdurar más allá de tu vida! Los dones que Dios te dio no solo están haciendo una diferencia en la vida de quienes te rodean, también están marcando una diferencia para otros a través del tiempo.

Has sido creado de manera única. Eres una creación admirable. Usa tus dones especiales para atraer a los demás a Dios y su reino. Haz que lo que hagas cuente para más que tu propia realización. Únete a un equipo de ministerio o crea uno para que puedas estar seguro de que tu servicio perdurará para siempre. Cada día, asegúrate de entregar tu talento para algo que importe en la eternidad.

3. DA DE TU BUEN TRATO

Tú interactúas con otras personas todos los días: en tu casa, tu escuela, tu trabajo, tu iglesia, el supermercado, el centro comercial, en todas partes. La forma como interactúes con ellos puede cambiar el curso de su vida para siempre. Una sonrisa, un apretón de manos, una palabra de ánimo, un oído que escucha, un gesto amable, una risa compartida, tienen poder que repercute más allá del momento en que se brindan.

Obviamente, quieres respetar a las personas y no ofreces ningún contacto físico que sea inapropiado o no deseado; pero siempre son bienvenidas la amabilidad, la paciencia y la compasión. Como hoy en nuestra cultura hay tanta gente que lucha con frustración, ira y división, estamos llamados a mostrarles el amor de Jesús. Somos pacificadores. Llevamos sal y luz.

De una u otra forma, tú reflejas el carácter de Dios cada vez que interactúas con otro ser humano. Así que haz todo lo posible por aprovechar esas oportunidades. Deja a los demás preguntándose qué es lo que tienes que te hace tan feliz verlos.

4. DA DE TU TESORO

El tesoro obviamente incluye tu dinero, pero también se refiere a tu actitud en cuanto a las finanzas, las posesiones, tu casa y tu estilo de vida. En lugar de pensar en lo poco que puedes dar para cumplir con tu obligación, trata de ver cuánto puedes dar, que brote de la abundancia de un corazón generoso. Mantén en mente que lo que das a los demás tiene un efecto directo en lo que te es dado a ti: «*Den*, y se les dará: se les echará en el regazo una medida llena, apretada, sacudida y desbordante. Porque *con la medida que midan a otros*, se les medirá a ustedes». (Lucas 6:38, énfasis del autor).

¡Amigo, da la vida! Haz una diferencia en beneficio de los demás. Una vez que empieces a vivir generosamente descubrirás de qué se trata la vida. El valor de la vida no es determinado por lo mucho que consigas o acumules, sino por el grado en que te entregues.

5. DA A JESÚS.

Probablemente lo más importante que puedes hacer para guardar tesoros en el cielo es compartir tu fe con alguien. ¿Por qué? Porque solo las personas duran para siempre. Somos espíritus eternos morando en cuerpos temporales. Depende de nosotros ayudar a los demás a descubrir y aceptar todo lo que Dios tiene para ellos. «Somos embajadores de Cristo; Dios hace su llamado por medio de nosotros» (2 Corintios 5:20 NTV).

Jesús nos anima a compartir nuestra fe con los demás. Su mandato frecuentemente ha sido llamado la Gran Comisión y refleja su corazón de que todo el mundo –*cada persona*– lo conozca a él y su amor por ellos. «Jesús les dijo: "Vayan por todos los países del mundo y anuncien las buenas noticias a todo el mundo"» (Marcos 16:15 TLA).

Si realmente te interesan los demás, entonces quieres que sepan lo que tienes en tu relación con Dios. Quieres ayudarles a quitar cualquier obstáculo que esté en su camino para que puedan abrir su corazón al Espíritu de Dios. Quieres que experimenten el irracional, ilógico e incondicional amor de Dios. Quieres darles a Jesús.

TU SIGUIENTE PASO EN EL CAMINO

Para guardar tesoros en el cielo necesitarás invertir en las personas; en todas, especialmente en aquellas distintas a ti. En quienes tal vez no te entiendan a ti o tu cultura; que tal vez no confíen en ti o no sepan lo que te motiva. Las que te observen para entender de qué se trata seguir a Jesús. Entonces, ¿qué puedes hacer? ¿Cómo puedes ayudarles?

Dales tiempo, atención, valor.
Muéstrales amor, comprensión, aceptación.
Comparte con ellos tu esperanza, tu iglesia y tu fe en Jesús.

Otra forma de guardar tesoros en el cielo es evaluar con regularidad la forma en que estás administrando lo que se te ha dado. Contadores, analistas financieros y agentes de bolsa, con frecuencia revisan portafolios de inversión para ver cómo se están comportando los distintos instrumentos financieros. También realizan auditorías para determinar el valor global de toda la cartera de inversión. Te animo a hacer lo mismo con el portafolio de tus inversiones eternas. ¿Qué has estado haciendo que Dios va a reconocer en el cielo en tu segundo juicio? ¿Qué más te gustaría hacer? Toma un tiempo para orar y preguntarle al Espíritu Santo cómo puedes invertir tu tiempo, tu talento y tu tesoro terrenal para cosechar recompensa en el cielo.

Finalmente, busca oportunidades para ser más intencional en compartir tu fe. La mayor parte de la gente no quiere que uses un tratado o te pongas a citar versículos de la Biblia. Incluso pueden estar renuentes a hablar de Dios o de lo que ellos creen acerca de las cosas espirituales. Permite que el Espíritu Santo te guíe al estar conversando e interactuando. Sé tu mismo. Responde honesta y abiertamente. Diles que no tienes todas las respuestas pero que conoces a Alguien que las tiene. Permite que vean a Jesús a través de ti.

Para ayudarte en esta labor te animo a escribir los nombres de tres personas conocidas por las que quieras orar con relación a su salvación.

Ora por ellos todos los días al menos por un mes, y pon atención a oportunidades para servirles y amarlas, sin que necesariamente les hables de tu fe. Confía en que se presentará el tiempo correcto cuando estarán listas para que les hables directamente de Jesús y lo que significa conocerlo. Sobre todo, no te presiones a ti mismo para hacer esto como una obligación. Cuando saco la basura, le cambio el aceite al carro de Tammy, o la sorprendo al cocinarle la cena, lo hago porque la amo. Sé que le estoy mostrando mi amor y estoy invirtiendo en la calidad de nuestro matrimonio. Nuestra relación con Dios debiera ser así. Que el amor a Dios sea lo que te motive a buscar estas cosas que lo complacen, y permítele obrar a través de ti cuando inviertes en las personas, administras lo que se te ha dado y compartes tu fe. Algún día estarás eufórico al oírlo decir: «Bien hecho mi siervo bueno y fiel. ¡Eres mi hijo amado y estoy muy complacido!».

CAPÍTULO DOCE

IMPACTO

CAMBIA TU MUNDO

«¿Qué te pasa Chris? ¿No quieres un trago?». Me dijo mi amigo sacando una botella de *whisky*.

«Sí Chris, ¿qué te pasa? Has estado actuando raro desde hace tiempo». Dijo mi otro amigo.

Tenía quince años y había empezado a ser cristiano apenas unas semanas atrás. Mis tres mejores amigos y yo estábamos en una excursión con el coro de la escuela, compitiendo en una ciudad que estaba como a cuatro horas de distancia de la nuestra. El viaje requería quedarnos una noche en un hotel y los cuatro estábamos juntos compartiendo un cuarto.

Nos habíamos estado frecuentando ya por más de cinco años en ese entonces. Tocábamos juntos en una banda de rock. Nadie nos había invitado nunca a tocar en ningún lugar, pero era un pretexto para juntarnos y darle a la tocada; y conforme fuimos creciendo nos juntábamos a beber, a fumar y a ver en cuántos problemas podíamos meternos. Entramos al coro, en parte porque nos encantaba la música, pero principalmente para obtener fácilmente una A.

Sin embargo, ahora que era cristiano, lo que buscábamos antes, a mí ya no me interesaba; bueno, excepto la música. A cambio Dios me había dado una carga por alcanzar a mis amigos y decirles lo que había sucedido en mi corazón. Sabiendo que estaríamos juntos en un cuarto y tendríamos mucho tiempo para platicar, había orado por valentía para poder hablarles. Ya que fue la hora de irse a los cuartos, mis amigos sacaron el licor, los cigarros y una baraja. Estaban listos para relajarse como lo hacíamos antes. Asustado y emocionado, podía oír mi corazón tamborileando en mis oídos más rápido y más fuerte que un solo de batería de Phil Collins.

«Oigan amigos», les dije. «¿Podemos hablar por un minuto? Les quiero contar lo que ha estado pasando y no había tenido la oportunidad de decírselos hasta ahora».

Se miraron unos a otros y luego me vieron a mí antes de asentir al unísono. Aliviado porque al menos estaban dispuestos a escuchar, les lancé un resumen confuso de lo que había experimentado las semanas anteriores. Les conté que le había dado mi vida a Jesús y el cambio que eso había hecho en mí. Les dije que sabía sin ninguna duda que Dios era real y que quería relacionarse con ellos como sus hijos. El único versículo en que pude pensar para citarlo fue Génesis 1:1 –«En el principio Dios creó los cielos y la tierra»– y de ahí brinqué a decirles por qué creí que el infierno es real. Les expliqué lo mejor que pude acerca del pecado y de Jesús que había muerto en la cruz, para pagar la deuda que nunca podríamos pagar nosotros mismos. Ya sin aliento y listo para abordar mi punto final, abruptamente les dije: «Ustedes son mis mejores amigos y no quiero que se vayan al infierno».

Los segundos de silencio que siguieron parecieron durar horas. Mi mente se aceleró cuando pensé en cosas que hubiera deseado decir en lugar de otras. Cuando empezaron a comprender mi mensaje comenzaron a hacer preguntas y pude ver que me estaban tomando en serio. En los siguientes minutos los tres le dieron su vida a Jesús. Supe que era en serio cuando uno de ellos agarró la botella y vació el licor en el lavabo.

Esta fue la primera vez que compartí mi fe y probablemente puedes imaginar lo burdas y poco ensayadas que fueron mis palabras; pero lo que me faltó de pulido, lo compensé con sinceridad. Mis amigos supieron que lo que les dije fue en serio y pudieron sentir mi profundo interés y preocupación por ellos. No podría haberlo explicado entonces, pero sabía que en cierta forma yo era responsable del mundo a mi alrededor; de mi mundo al menos.

Mis amigos eran mi responsabilidad.

TU ESQUINA DEL MUNDO

El sentido de responsabilidad de marcar la diferencia en nuestra esfera de influencia nos corresponde a cada uno de nosotros. Dios ama al mundo entero, y quiere alcanzar a cada persona. Su plan para alcanzar cada vida depende de ti y de mí. Nos da el privilegio de compartir nuestra fe con los demás para que ellos también puedan conocer su amor y aceptar el regalo gratuito de la salvación, por medio de su Hijo Jesucristo.

Si esto te suena abrumador, mantén en mente que nuestra responsabilidad no es cambiar *el* mundo; solo cambiar *nuestro* mundo. Porque si todos cambiamos *nuestro* mundo, entonces cambiaremos *el* mundo. Si no tomamos en serio nuestra responsabilidad de influenciar al mundo, estamos en serio peligro de ser influenciados por él: «Tienes que influir en ellos; ¡no dejes que ellos influyan en ti!» (Jeremías 15:19 NTV).

Dios nos ha llamado a cada uno a reconocer y a alcanzar nuestras esferas de influencia. Mucha gente cree que hay dos formas de interactuar con el mundo: como influyentes y como no influyentes. Ellos asumen que la influencia está reservada para la gente famosa: las celebridades, los atletas profesionales y los políticos; pero no es así en absoluto. Todos tenemos una esfera de influencia.

Uno de mis pasajes favoritos del Nuevo Testamento enfatiza la forma en que cada uno de nosotros lleva una responsabilidad con relación a la vida de quienes nos rodean. Previo a esta escena, Pablo y Silas estaban visitando Filipo, predicando el evangelio con otros creyentes en esa ciudad. Un día en la calle, pasaron por donde estaba una joven esclava conocida por leer la fortuna y predecir el futuro. Poseída por un espíritu maligno, ella reconoció al Espíritu Santo en Pablo y en Silas, y empezó a gritar que eran hombres de Dios que estaban ahí para salvar almas. Pablo entonces ordenó al espíritu que estaba en ella que saliera en el nombre de Jesús, y así fue; salió junto con el don de predecir el futuro.

Sus amos estaban muy molestos por lo sucedido, por supuesto, porque para ellos resultó en una pérdida de ganancias. Cuando se enteraron de que Pablo y Silas eran los responsables, fueron a las autoridades y los acusaron de crear problemas por lo que los azotaron y arrestaron. Así que aquí es donde encontramos a estos dos hombres de Dios, golpeados y lastimados, puestos en cadenas, cuando algo asombroso sucede:

> Alrededor de la medianoche, Pablo y Silas estaban orando y cantando himnos a Dios, y los demás prisioneros escuchaban. De repente, hubo un gran terremoto y la cárcel se sacudió hasta sus cimientos. Al instante, todas las puertas se abrieron de golpe, ¡y a todos los prisioneros se les cayeron las cadenas! El carcelero se despertó y vio las puertas abiertas de par en par. Dio por sentado que los prisioneros se habían escapado, por lo que sacó su espada para

matarse; pero Pablo le gritó: «¡Detente! ¡No te mates! ¡Estamos todos aquí!».

El carcelero pidió una luz y corrió al calabozo y cayó temblando ante Pablo y Silas. Después los sacó y les preguntó: Señores, ¿qué debo hacer para ser salvo?

Ellos le contestaron: Cree en el Señor Jesús y serás salvo, junto con todos los de tu casa. Y le presentaron la palabra del Señor tanto a él como a todos los que vivían en su casa. Aun a esa hora de la noche, el carcelero los atendió y les lavó las heridas. Enseguida ellos lo bautizaron a él y a todos los de su casa. El carcelero los llevó adentro de su casa y les dio de comer, y tanto él como los de su casa se alegraron porque todos habían creído en Dios. (Hechos 16:25-34 NTV).

Este asombroso evento sobresale por muchas razones, pero una de ellas proviene del uso de la palabra anterior traducida como «casa». La palabra griega *oikos*, literalmente se refiere a cualquier persona que esté bajo tu «techo relacional», no solo los miembros de la familia con los que vives. Es otra forma de describir la esfera de influencia de una persona. Por lo tanto, este pasaje cobra mucho más significado para nosotros hoy, al considerar que cuando crees en Jesús como Señor, no solo tú serás salvo, sino también tendrás un impacto profundo en quienes influyes.

EL CAMBIO ES UNA ONDA EXPANSIVA

La clave para cambiar tu mundo es reconocer primero los límites de tu esfera de influencia. La esfera de la mayoría de las personas es más grande de lo que creen. Cada día te encuentras con docenas de personas, con muchas de manera regular, gente a quien impactas de una u otra forma. El punto de inicio es reconocer las oportunidades que tienes para influenciarlos: «Presta mucha atención a tu propio trabajo, porque entonces obtendrás la satisfacción de haber hecho bien» (Gálatas 6:4 NTV). Cada cambio que haces en un área repercute en otras. Considera algunas de las facetas de tu esfera de influencia y cómo puedes usarlas para compartir tu fe.

TU GENTE

Empieza con la gente con quien ya tienes una relación cercana; familia, parientes y amigos cercanos. Dependiendo de la etapa de vida en que estés, tal vez quieras considerar a tus compañeros de clase, compañeros de trabajo y vecinos. «Vuelve a tu casa y cuéntales a tu familia y a tus amigos todo lo que Dios ha hecho por ti, y lo bueno que ha sido contigo» (Marcos 5:19 TLA).

Aunque parece obvio empezar con ellos, con frecuencia es lo más difícil porque son las personas cuyas opiniones te importan más; pero cuando te des cuenta de que te estás poniendo nervioso por compartir con ellos, recuérdate a ti mismo lo más importante. Aunque yo estaba aterrado al compartir mi fe con mis amigos, me abrí paso en medio del temor porque me interesé más por dónde pasarían su eternidad que por lo que pensaran de mí en ese momento, aunque pudieran pensar que era raro.

Los sociólogos afirman que el círculo de influencia de cada persona abarca en promedio a doce individuos. Si quieres ver si esto es verdad para ti, suma el tiempo que pasas cara cara con la misma gente cada semana. Si se suma a una hora o más durante toda la semana, entonces ellos están en tu círculo de influencia. Usa tu contacto continuo con ellos como una oportunidad para permitirles ver lo que Dios esté haciendo en tu vida.

TUS LUGARES

En donde quiera que estés literal o figurativamente, Dios te ha llamado a influenciar a los demás. Cada uno de nosotros estamos llamados a alcanzar individuos en las varias áreas que constituyen nuestra esfera de influencia. Permíteme ilustrarte algunas áreas potenciales de tu esfera al compartirte una historia grandiosa que escuché. Esta historia involucra una reunión entre Loren Cunningham, el fundador de «Juventud con una Misión» (YWAM por sus siglas en inglés) y Bill Bright, el fundador de *Campus Crusade for Christ* (ahora conocido como *Cru*).

En 1975 Loren estaba de vacaciones con su familia en Colorado, cuando escuchó que Bill estaba visitando la misma área en donde él estaba. Loren contactó a Bill y se pusieron de acuerdo para reunirse a comer al día siguiente. Ahora bien, esa noche Loren recibió un mensaje de parte de Dios para que se lo compartiera a Bill en su reunión.

El mensaje era muy claro. Dios le había revelado a Loren siete áreas de influencia, o siete moldeadores del pensamiento en la sociedad, en los que debían pensar al buscar desarrollar el ministerio. Quienquiera que tuviera más influencia en esas siete áreas influenciaría a la cultura, y quien influenciara a la cultura ¡haría un impacto en la nación entera! Sabiendo de la pasión que compartían por alcanzar a los jóvenes con el mensaje del evangelio, Loren estaba impaciente por compartir su revelación a Bill.

Al día siguiente en la comida, después de saludarse uno al otro, Loren dijo: «Tengo una palabra del Señor para ti». Bill lo miró con los ojos muy abiertos, sonrió y le respondió: «Yo tengo una palabra de Dios para ti también». Entonces cada uno compartió su mensaje con el otro, solo para descubrir que eran prácticamente idénticos. Dios les había revelado a ambos las mismas siete áreas de influencia uniendo su pasión por el reino para un impacto aún más grande del que ya estaban haciendo individualmente.[8] Ambas organizaciones ciertamente han hecho una gran diferencia en la vida de millones desde que sus fundadores se reunieron a comer ese día. Sin embargo, las siete áreas de influencia que Dios les reveló a ellos son igualmente importantes de considerar para ti y para mí hoy. Tal vez no todas van a aplicar, pero sospecho que la mayoría de ellas son áreas listas para tu influencia.

1. IGLESIA

Te puede sorprender cuántas personas no se dan cuenta de que su iglesia local es un lugar en donde pueden ejercer influencia. Al participar activamente en servir y liderar, tienes un impacto importante en otros miembros del cuerpo de creyentes, así como en visitantes y personas que están en una búsqueda. Ya hemos hablado antes de la importancia de unirte a una iglesia fuerte basada en la Biblia para que contribuyas con tu tiempo, tu talento y tu tesoro; pero no pierdas oportunidades de asegurarte de que otros de los que ya van a tu iglesia conozcan personalmente a Jesús, y no te pierdas la bendición de servirles como solo tú puedes hacerlo.

2. GOBIERNO

Esta área incluye todos los líderes, electos y designados, a todos los niveles; local, estatal regional y nacional. También incluye a la autoridad civil, como funcionarios del orden público y militares. Mucha gente cree que la iglesia no debería meterse en política. Cree que la separación de la Iglesia y el Estado debe mantenerse. Sin embargo, no se dan cuenta de que esa separación fue creada para mantener al gobierno fuera de la iglesia no a la iglesia fuera del gobierno. Ya sea manteniéndote informado sobre asuntos y candidatos, o como voluntario para servir como se necesite, o bien, postulándote para un cargo, o liderando en una posición de autoridad, usa tu influencia para atraer a otros a Cristo.

3. ARTES Y ENTRETENIMIENTO

Las artes, la música, los deportes y el entretenimiento tienen una gran influencia sobre nosotros cada día. Esta área parece estar tan comprometida y tan infiltrada por el enemigo que puedes estar tentado a separarte completamente de ella. Sin embargo, algunos de nosotros estamos llamados a influenciar esta área como agentes de cambio y catalizadores de redención. Ten cuidado de lo que permites entrar a tu mente, tu corazón y tu hogar, pero si Dios te abre un camino, no tengas miedo de usar tu imaginación para reclamar las artes para Cristo.

4. EDUCACIÓN

Las escuelas y las instituciones educativas moldean la mente y el corazón de una gran cantidad de niños, adolescentes y jóvenes. Desde guardería y preescolar, a primaria, secundaria, bachillerato y universidad, el campo educativo presenta oportunidades frecuentes y continuas para llevar estudiantes y maestros a Dios. Desafortunadamente, muchas escuelas y universidades que una vez fueron instituciones cristianas se han erosionado convirtiéndose en una mezcla de cultura popular. Antes de que perdamos a otra generación, hagamos brillar la luz del amor de Cristo en cada salón de clases, cada taller, cada laboratorio y centro de capacitación.

5. NEGOCIOS

Las empresas, ya sea chicas o grandes, corporativos o pequeñas empresas, siguen siendo lugares poderosos para influenciar a otros. No es ningún secreto que la atracción al dinero ha corrompido a muchas empresas y ha nublado el criterio moral de muchos presidentes ejecutivos de compañías. Más que nunca, necesitamos líderes centrados en Cristo dispuestos a hacer su trabajo y dirigir sus empresas de acuerdo al ejemplo de Cristo y de la Palabra de Dios. El impacto que resulta, no solo en los empleados sino también en clientes y público en general, sigue siendo enorme.

6. MEDIOS DE COMUNICACIÓN

El alcance de los medios de comunicación, particularmente de las redes sociales, continúa creciendo en nuestra cultura. Con incontables sitios web, canales de cable, servicios de transmisión en vivo, revistas y fuentes de información, radio, podcasts y otros medios de difusión, esta área necesita una importante reestructuración para que su enorme poder pueda aprovecharse para ganar almas, y no solo para vender productos o promover causas o agendas individuales. Necesitamos escritores, editores, periodistas, locutores, conferencistas y gurús cibernéticos, dotados, creativos y guiados por Cristo. No critiques o condenes ningún tipo de medio de comunicación sin considerar primero cómo puedes cambiarlo tú para los propósitos de Dios.

7. FAMILIA

La familia es una red social de relaciones creada por Dios. La familia inmediata incluye a los padres y sus hijos, y usualmente se extiende hasta incluir abuelos, tías y tíos, primos y otros parientes. Dios estableció a las familias para ser el centro moral y los pilares principales de una sociedad sana. Cuando el orden de la familia se desintegra, el orden social también se desintegra. Las enfermedades y disfunciones de la sociedad tienen su origen en el rompimiento de la unidad familiar. Los hogares destruidos son el mayor contribuidor para casi todas las enfermedades imaginables de la sociedad.

Perdóname si parece que estoy haciendo una generalización indiscriminada con esto, pero nadie tiene una familia perfecta, ni debemos tratar de tenerla. Estamos llamados a amar a los demás como Jesús nos ama. Nuestras familias nos brindan las áreas más prácticas (pero con frecuencia más desafiantes) en las que podemos compartir su amor. Cuando no amamos y obedecemos a Dios en el hogar, hay repercusiones en todas las otras áreas. De la misma manera, cuando amamos a Dios, somos capaces de influenciar no solo nuestras familias, sino vecindarios completos, comunidades y ciudades para Cristo.

TU PASIÓN

Hablamos de personas y lugares donde solemos ejercer la mayor influencia. Sin embargo, hay otra categoría que debemos mantener en mente: la influencia que se relaciona con lo que más nos apasiona. Dios nos da a cada uno de nosotros ciertos asuntos, eventos, personas y lugares que encienden nuestra pasión. Con frecuencia estas pasiones se entrecruzan con nuestro propósito, nuestros talentos, nuestras circunstancias y oportunidades.

A veces nuestras pasiones resaltan en nosotros, mientras otras tenemos que buscarlas nosotros mismos. En ambos casos, Dios con frecuencia nos habla a través de nuestros sueños para avivar la chispa de los anhelos más profundos de nuestro corazón. Vemos esto cuando Dios derramó su Espíritu en la iglesia primitiva, avivando una generación que vio lo que Dios ve: «Los hijos y las hijas de ustedes profetizarán, tendrán visiones los jóvenes y sueños los ancianos» (Hechos 2:17).

Los sueños le dan un objetivo a tu fe; le dan dirección y dimensión. «Ahora bien, la fe es la certeza (sustancia) de lo que se espera, la convicción (demostración) de lo que no se ve» (Hebreos 11:1 NBLH). No tienes fe si no estás esperando algo. Si no estás persiguiendo un sueño, entonces no estás ejercitando tu fe. Los dos van de la mano.

Yo creo que Dios quiere revelarte su plan para tu vida. Tal vez ya lo ha hecho y solo necesitas actuar dando el siguiente paso. O tal vez lo estás buscando en serio y esperando sencillamente a que él te guíe. Sin importar en donde estés, confía en que Dios está por ti y quiere usarte de manera poderosa, intencionada y apasionada.

Acércate a él y deja que agite los sueños que tienes dentro. Permite que su Espíritu te muestre cosas grandes;

cosas que sean imposibles en tu propio poder, ¡pero fáciles para Dios! Recuerda sus palabras: «Clama a mí, y yo te responderé y te revelaré cosas grandes e inaccesibles, que tú no conoces» (Jeremías 33:3 NBLH).

TU SIGUIENTE PASO EN EL CAMINO

¿Cómo buscas un sueño de Dios? y después de que tienes uno, ¿cómo le das vida? Estoy convencido de que las respuestas pueden encontrarse en un pasaje escrito por el profeta Habacuc en el Antiguo Testamento. Alrededor del año 700 A. C. en una de las horas más oscuras de Israel, Habacuc le preguntó a Dios, clamando: «Por qué los malos prevalecen? ¿Por qué no haces algo?».

En un ejemplo clásico que nos recuerda que tengamos cuidado con lo que preguntamos, Dios respondió diciéndole a Habacuc: «*Tú* eres la solución; ¡y te voy a revelar cómo lo harás!». Impaciente y deseoso de participar en el plan de Dios, Habacuc escribió:

Me mantendré alerta, me apostaré en los terraplenes; estaré pendiente de lo que (el Señor) me diga... Y el Señor me respondió: «Escribe la visión, y haz que resalte claramente en las tablillas, para que pueda leerse de corrido. Pues la visión se realizará en el tiempo señalado; marcha hacia su cumplimiento, y no dejará de cumplirse. Aunque parezca tardar, espérala; porque sin falta vendrá» (Habacuc 2:1-3).

En estos tres versículos puedo ver cinco pasos sencillos para ayudarnos a identificar y encender nuestros sueños. Veamos brevemente cada uno.

1. TEN UN TIEMPO A SOLAS CON DIOS.

El primer paso es hacer lo mismo que Habacuc, comprometerte a pasar un tiempo a solas con Dios. El lugar donde oraba este profeta era la torre del vigía. Vas a descubrir que apartar tiempo fuera de tu horario e ir a un lugar especial, algún lugar sin las distracciones e interrupciones usuales hace una gran diferencia en tu habilidad para conectarte con Dios. Si quieres oír la voz de Dios, tienes que bajar el volumen del mundo.

Si alguna vez ha habido un tiempo cuando hay que bajar la velocidad, es ahora. Más que nunca, estamos mucho más ocupados y somos distraídos más fácilmente por muchas cosas. Muchos de nosotros con demasiada frecuencia estamos en Facebook, en vez de buscar el rostro de Dios. Sencillamente tenemos que hacer tiempo para él si esperamos escuchar su voz. Mientras más callado estés, más puedes escuchar. Mientras más escuches a Dios mejor sabrás lo que él quiere.

2. ENCUENTRA UNA PALABRA DE DIOS EN SU PALABRA.

Después, Habacuc dice algo de lo más inusual: «Para ver qué me dice el Señor» (verso 1 DHH).

Aunque está escuchando a Dios, el profeta va a la Palabra de Dios para ver el mensaje del Señor. Dios todavía nos habla de la misma forma hoy a ti y a mí; por medio de la Biblia. Sencillamente no hay forma de describir el impacto que la Palabra de Dios puede tener en revelar, encender y avivar tus sueños. La Biblia es atemporal, profética y poderosa.

También me encanta lo práctica que es la Biblia al ofrecernos sabiduría para cada situación. Recuerdo lo estresado que estaba cuando mis hijos aprendieron a manejar, así que declaré un versículo de los salmos: «El Señor te cuidará en el hogar y en el camino, desde ahora y para siempre» (Salmos 121:8). De igual manera, cuando necesito valentía para las batallas espirituales, voy a 1 Juan 4:4, Lucas 10:19, o Romanos 8:37. Cuando necesito un empujón en mi confianza voy a 2 Corintios 3:6. Si las finanzas me están molestando, pasajes como Filipenses 4:19 y Salmos 1:1-3 me dan consuelo. Incluso, cuando me duele un diente, sé exactamente adónde dirigirme, al versículo favorito de mi dentista: «Abre bien la boca y te la llenaré» (Salmos 81:10).

¡Si quieres una palabra de Dios, consulta la Palabra de Dios!

3. ESCRIBE EL SUEÑO.

La tercera frase en el pasaje de Habacuc: «Escribe la visión», nos recuerda que anotar el mensaje que Dios nos dé es importante. Estudio tras estudio han mostrado que la gente muy exitosa regularmente escribe sus sueños y la forma en que pretende accionar para realizarlos. Una visión y un plan de acción son esenciales para ver tu sueño cobrar vida.

Cuando escribas tu sueño, ¡mantenlo del tamaño de Dios! Nunca insultes al Señor pensando en escala pequeña. Los sueños que honran a Dios son audaces, desafían a la cultura y son aparentemente imposibles para los estándares humanos. Estos sueños requieren obediencia absoluta a Dios en cada paso del camino.

En este momento tú tienes en tus manos uno de mis sueños: ¡este libro! Mi otro sueño en este momento es que tú tengas un sueño personal valiente, loco y extraordinario. Saber que estás persiguiendo lo que Dios tiene para ti es una sensación como ninguna otra. Cuando tu fe se entrelaza con la fidelidad de Dios, aprendes a confiar en Dios de maneras nuevas.

4. DESPIERTA Y HAZ ALGO.

La cuarta frase nos recuerda que los sueños requieren de acción. Los sueños son maravillosos, pero en algún momento ¡vas a tener que levantarte y hacer algo! Dios siempre nos requerirá hacer algo. Jesús le dijo al hombre de la mano paralizada que la extendiera (Marcos 3:1-6).

Le dijo al ciego que fuera al estanque a lavarse el lodo de los ojos (Juan 9:6-7). Aun cuando alimentó a más de cinco mil personas, Jesús hizo que se sentaran en el pasto en pequeños grupos. Los sueños son buenos, pero la fe sin acciones está muerta: «Así pasa también con la fe: por sí sola, sin acciones, está muerta» (Santiago 2:17 NBV). La distancia entre tus sueños y la realidad requiere de tu acción para cerrar la brecha. Si estás esperando que Dios haga algo, mantén en mente que tal vez él está esperando que tú hagas algo primero.

5. NO DESISTAS DE TU SUEÑO.

Finalmente, Habacuc nos recuerda que nunca nos rindamos con relación a nuestro sueño: «Aunque parezca tardar, espérala» (Habacuc 2:3). Muchas veces nosotros no podemos ver todo lo que Dios está orquestando a nuestro alrededor. Es por eso que la fe nos requiere que vivamos basados en lo que no se puede ver, en lugar de limitarnos a lo que podemos ver. Recuerda que la fe no solo es la sustancia de lo que se espera, sino también es la evidencia de cosas que no se ven (Hebreos 11:1). El sueño es gratis, pero el recorrido no lo es.

Tal vez estás cansado de soñar para llegar solamente a un punto muerto. Tal vez estás exhausto por todo lo que estás haciendo y sacrificando, sin ver ningún fruto todavía. La Biblia nos dice: «Ustedes necesitan perseverar para que, después de haber cumplido la voluntad de Dios, reciban lo que él ha prometido» (Hebreos 10:36).

De hecho, la perseverancia es crucial en todo el camino como seguidor de Jesús. No importa en qué parte te encuentres de la senda de la vida, no importa qué tan bien o qué tan horribles parezcan ser tus circunstancias, confía en que Dios te lleva hacia adelante. Él conoce el siguiente paso que necesitas dar para crecer en tu cercanía con él y avanzar en dirección a tu destino divino. Si eres un nuevo creyente o un experimentado veterano de la fe, ¡con Dios siempre hay un siguiente paso!

AGRADECIMIENTOS

A través de mi camino de fe, Dios ha traído personas maravillosas a mi vida para ayudarme a lo largo del trayecto. Este proyecto no es diferente. Muchos amigos, compañeros de ministerio y miembros de mi equipo, me brindaron su apoyo, respaldo y ánimo en la realización de este libro. Estoy muy agradecido por cada uno de ustedes.

Gracias Tammy. Eres una esposa maravillosa y no podría hacer lo que hago sin tu amor y apoyo. No solo me has animado a escribir, también me has ayudado a recordar los detalles. ¡No puedo imaginar compartir esta aventura con alguien más!

Gracias a mi amigo y mentor, John Maxwell. Te encantó la idea de este libro desde el principio, y aprecio el ánimo que me has dado, más de lo que pueda expresarlo.

Gracias, Dudley Delffs, mi compañero escritor, por ser parte de mi vida y ministerio. Captaste mi pasión para este proyecto y me ayudaste a expresarlo por escrito.

Gracias a mi agente, Matt Yates. Me has brindado ánimo, perspectiva y sabiduría a través de todo este proceso. Estoy muy agradecido por tu contribución.

Gracias, Lysa Terkeurst, y al equipo de *Proverbs 31*. Su retroalimentación, sugerencias y apoyo hicieron que este fuera un libro mucho mejor. Me siento muy bendecido de tenerte como amiga, y con tu hija casada con mi hijo, como miembro de la familia.

Doy un agradecimiento especial al equipo de Thomas Nelson, nuestra asociación continúa bendiciéndome. Estoy especialmente agradecido con mi editora, Jessica Wong, y su dedicación para hacer este libro lo mejor posible. Es un gozo trabajar contigo.

Gracias a mi increíble equipo de trabajo y congregación de *Church of the Highlands*. Ustedes fueron fundamentales al vivir el mensaje de *¿Qué sigue?* y al inspirarme para escribir este libro. Los amo mucho a todos y amo ser su pastor.

Doy un especial agradecimiento a mi hermana y asistente ejecutiva, Karol Hobbs. Me ayudas en todo lo que hago. Eres uno de los mejores regalos que Dios me ha dado.

Finalmente, le doy todas las gracias a Jesucristo, mi Señor y Salvador. Todavía no puedo creer que me hayas permitido hacer lo que hago. Es un honor guiar a las personas a conocerte personalmente, encontrar la libertad por la cual diste tu vida, ayudarles a encontrar tu propósito para ellos, y juntos marcar la diferencia para la eternidad. Gracias por escogerme.

NOTAS

1. «Featured Hymn: "I Have Decided to Follow Jesus", [Himno: «He decidido seguir a Cristo»] *CCEL Times* (Christian Classics Ethereal Library newsletter), 3 octubre, 2011, http://www.ccel.org/ newsletter/6/10.
2. Charles R. Swindoll, «Strengthening Your Grip on Prayer», [Fortaleciendo su dominio sobre la oración], Insight for Living Ministries [Ministerios Perspectiva para la vida], 18 marzo, 2014, https:// www.insight.org/resources/article-library/ individual/ strengthening-your-grip-on-prayer.
3. Roberts Liardon, ed., *Smith Wigglesworth on Prayer, Power, and Miracles* (Shippensburg, PA: Destiny Image, 2006), p. 20.
4. Rick Warren, «Forgive Because You're Forgiven», [«Perdone porque usted es perdonado»], PastorRick. com, 12 marzo, 2018, https://pastorrick.com/devotional/ english/full-post/forgive-because-you-re-forgiven3
5. Beth Moore, *Orando la palabra de Dios: Libérese de las fortalezas espirituales* (Editorial Unilit, 2003), p. 2.

6. W. L. Doughty, *John Wesley: Preacher* [Juan Wesley: Predicador] (Eugene, OR: Wipf & Stock, 2015), p. 181.

7. Elizabeth Svoboda, «Hard-Wired for Giving», [Programado mentalmente para dar], Wall Street Journal, 31 agosto, 2013, https://www.wsj.com/articles/hardwired-for-giving-1377902081.

8. «Origin of 7 Mountain Concepts and 7MKI», [Origen del concepto de la Montaña 7 y 7MKI], Christian International, http://christianinternational.com/origin-of-7-mountain-concepts-and-7mki/.

ACERCA DEL AUTOR

Chris Hodges es el fundador y pastor principal de *Church of the Highlands*. Bajo su liderazgo, *Church of the Highlands* ha establecido otros campus a través del estado de Alabama y ha crecido a más de cuarenta y cinco mil asistentes semanales. También es cofundador de la *Association of Related Churches*, (Asociación de iglesias relacionadas). Lanzó una red de asesoría llamada *GROW*, y es rector de *Highlands College*, una universidad de capacitación ministerial de dos años. Chris y su esposa Tammy, tienen cinco hijos y viven en Birmingham, Alabama, EE. UU.